CW01667958

Luigi Guanella

LE VIE DELLA PROVVIDENZA

Autobiografia di un santo

SAN PAOLO

L'originale de *Le vie della Provvidenza* è un manoscritto di 233 pagine conservato nell'Archivio Storico Guanelliano di Como.
Luigi Guanella ne dettò il testo aggiungendovi alcune integrazioni autografe.

Testo e note a cura di:
Francesca Bucci, Fabrizio Fabrizi e *don Fabio Pallotta*
per il Centro Studi Guanelliani - Roma.

© EDIZIONI SAN PAOLO s.r.l., 2011
Piazza Soncino, 5 - 20092 Cinisello Balsamo (Milano)
www.edizionisanpaolo.it
Distribuzione: Diffusione San Paolo s.r.l.
Corso Regina Margherita, 2 - 10153 Torino

ISBN 978-88-215-7224-1

Presentazione

NEL CUORE DI UN GRANDE CAMBIAMENTO

di *Andrea Riccardi*

La vita di don Luigi Guanella coincide con una stagione di grande cambiamento, anzi di accelerata transizione verso un mondo nuovo. Infatti egli nasce nel 1842 suddito austriaco e resta tale fino al 1859 con la Seconda guerra d'indipendenza. Bambino, conosce i moti e le speranze che nel 1848 attraversano l'Europa. Aveva sentito parlare in famiglia delle novità introdotte dalle armate della Francia rivoluzionaria e napoleonica, che sembravano poi essere state assorbite dalla Restaurazione. Nato sotto l'*Ancien Régime*, in un piccolo mondo cattolico, la Valle San Giacomo, don Luigi è figlio di una popolazione «sobria, lavoratrice e soprattutto religiosa», come scrive in questa autobiografia. Ma ben presto questo quadro (che sembrava immoto e in cui la Chiesa permeava la società) viene profondamente scosso dall'Unità.

Il nuovo Regno d'Italia introduce una legislazione laica, mentre si secolarizzano i beni ecclesiastici e si sopprime la vita delle storiche comunità religiose. L'orizzonte pubblico è ormai laico. La diocesi di Como, cui il giovane appartiene, conosce l'assenza del vescovo, perché il governo frapponeva difficoltà alla nomina di un successore dopo la morte del vescovo nel 1865. Significativamente don Luigi è ordinato prete nel 1866 da monsignor Frascolla, vescovo di Foggia che era a Como in domicilio coatto, dopo essere stato condannato nel 1862 e aver scontato un po' di prigione. Erano tempi calamitosi e portatori di novità sconvolgenti per il pio figlio della famiglia Guanella.

Infatti don Luigi è radicato in un antico mondo cattolico di campagna, segnato da una pastoralità antica, quella della Riforma tridentina. È lui stesso a lasciarcene una descrizione nell'autobiografia, dettata nel 1914, un anno prima della sua morte. Aveva un fratello sacerdote e veniva da un villaggio dove tante erano le vocazioni sacerdotali. Anche se i tempi nuovi e l'entusiasmo per Garibaldi, mitico condottiero e liberatore, avevano portato via un bel gruppo di ragazzi dal seminario comasco. Le radici di don Luigi sono in un cattolicesimo familiare e parrocchiale antico e sincero. Era un mondo laborioso in cui il lavoro era davvero centrale: «Mangiate e lavorate», si ripeteva in casa Guanella. Nelle lunghe serate familiari si leggevano la Bibbia e le vite dei santi, mentre si ricordava che nei poveri c'è la presenza di Cristo stesso. Era un mondo religioso in cui, fin dall'infanzia, si comunicava il senso di Dio e del bene. Ripeteva il nonno di don Luigi: «Bisogna aver coscienza in tutto e salvar l'anima».

Si trattava anche di un mondo in cui era chiaro il senso dell'autorità, quello della Chiesa sulla vita spirituale e morale, ma anche quello del padre sulla vita familiare e sulle scelte personali. Lorenzo Guanella, padre di Luigi, era riconosciuto come persona autorevole nel paese, a lungo deputato e sindaco nel comune di Campodolcino. Egli – nota don Luigi – «nella sua famiglia di tredici figli era come sacerdote e re perché leggeva, a così dire, nel cuore di tutti e li voleva crescere alla virtù, alla obbedienza, al lavoro». Il mondo antico si fondava sull'autorità spirituale della Chiesa e su quella domestica del padre (completata dalla dolcezza della madre).

Quel mondo, con la sua stabilità e le sue fragilità, si avviava verso un profondo cambiamento. Il mondo era tanto cambiato che, nel 1870, gli italiani erano entrati a Roma, millenario dominio del papa, e l'avevano proclamata capitale d'Italia, dichiarando finito il dominio temporale dei pontefici. Per Pio IX, come per i suoi predecessori, quella sovranità territoriale era stata la garanzia per esercitare nel mondo l'autorità spirituale, libera da ogni influenza politica. Infatti l'autorità del papa, anche in Italia, era scossa e contestata. Il mondo antico, quello dell'autorità, conosciuto dal giovane Guanella e da lui profondamente apprezzato nel suo sapore patriarcale, andava cambiando. Si affermava un nuovo modo di vivere fondato sulla libertà. Nasceva il «mondo moderno», esaltato come progresso o deprecato come decadenza dei costumi. Ma si era in piena e rapidissima transizione.

Un prete papale, intransigente e inquieto

Don Guanella ricorda nell'autobiografia le radici della sua fede e il suo mondo delle origini. In questa narrazione dà meno spazio – anche se non lo ignora – a un aspetto dei suoi primi anni di sacerdozio che, settantenne, forse considerava superato o non espressivo del cuore della sua esistenza: quello di polemista e scrittore. Tale infatti fu, come intransigente difensore dell'autorità del papa e dei valori morali e religiosi nel quadro del «nuovo mondo». Il suo primo opuscolo era stato *Saggio di ammonimenti famigliari per tutti ma più particolarmente per il popolo di campagna*: lo accusarono di voler ridurre la società ad un convento e fu tenuto sotto controllo come un critico del nuovo ordine liberale. Il testo è significativamente edito nel 1872, dopo la presa di Roma e la proclamazione dell'infallibilità del papa. L'autore vuole difendere la gente semplice dalla mentalità e dai costumi dei tempi nuovi.

Non si può qui seguire tutta la produzione letteraria del sacerdote. L'orientamento fondamentale è allo stesso tempo religioso e polemico contro i tempi nuovi: «In presente – dice – noi dobbiamo dimostrare gran coraggio in opporre scuole, libri ed istituzioni cattoliche alle scuole, ai libri ed alle istituzioni dei massonici». Sono i temi del movimento cattolico intransigente in una società liberale e laica, in cui bisogna difendere il papa, la Chiesa, la visione cattolica. Bisogna ricostruire un orizzonte culturale per i cattolici spaesati in un mondo diventato tanto diverso. Così il sacerdote pubblica, in tre volumi, *Da Adamo a Pio IX. Quadro delle lotte e dei trionfi della Chiesa universale distribuito in cento conferenze e dedicato al clero e al popolo,* circa mille pagine di una ricostruzione storica non originale, ma significativa per creare una cultura cattolica. Il «trionfo» della Chiesa (un tema tra l'altro caro a Gregorio XVI, predecessore di Pio IX), in un mondo tempestoso, era la speranza della vittoria del bene e della fede.

Guanella fu un polemista e un apologeta convinto nella scia del movimento intransigente e papale, mentre faceva il pastore d'anime in modo laborioso e costruttivo. Ha sempre lavorato molto e avuto il culto del lavoro per gli altri: «Viva la fatica! – scrive – Lavoriamo e preghiamo». Eppure c'era qualcosa che non bastava a don Luigi nella sua attività pastorale e di scrittore. Cercava qualcosa d'altro ed era serenamente inquieto. È per questo che va a Torino nel 1875, per conoscere l'opera di don Bosco, da cui si deve staccare poi per volontà del suo vescovo di Como, tornando in diocesi. L'incontro con don Bosco è molto significativo per lui. La fondazione salesiana resta una realtà su cui torna a riflettere, anche se poi si differenzia da essa.

Un'opera nuova per tempi nuovi

Non basta l'opera parrocchiale ed è insufficiente il lavoro di polemista. Ai tempi nuovi occorre dare una risposta nuova. È quella che don Bosco sta elaborando in particolare con i giovani e attraverso l'educazione, pure negli ambienti più difficili. È quella dei «santi sociali», dal Cottolengo a don Orione. La transizione storica che attraversa la società italiana richiede qualcosa di nuovo da parte dei cattolici. La novità non si colloca sul piano politico, a cui i cattolici non partecipano. D'altra parte non si tratta di indicare la via delle riforme alla Chiesa. Ma occorre vivere personalmente e proporre qualcosa di nuovo. È quanto don Guanella fa e costruisce a partire dai poveri. La carità verso i poveri, questa pratica antica del cristianesimo, diventa tra le sue mani qualcosa di attuale, anzi un'opera nuova.

Oggi noi vediamo le opere e le istituzioni nate dall'intuizione e dall'attività di don Guanella come una realtà imponente di impegno e di assistenza. Hanno una lunga storia e una loro complessità. Spesso ci sfugge che, alla base di questo mondo «guanelliano», c'è stata un'esigenza vitale e personale di don Luigi: creare una risposta nuova per un tempo nuovo. E, in quel periodo storico, il sacerdote seppe leggere quelli che, molti decenni dopo, il Concilio Vaticano II avrebbe chiamato, con espressione evangelica, i «segni dei tempi». Don Guanella capì i suoi tempi, i bisogni degli uomini e delle donne, quelli della Chiesa. E cominciò ad agire coinvolgendo se stesso. Infatti i «grandi» nella Chiesa, pur senza essere necessariamente teorici o accademici, intuiscono in profondità i tempi che vivono: non sono ciechi e spaventati all'interno delle istituzioni già create, non vivono sulla difensiva e poco sensibili alla realtà. Qualche volta, nel tempo, le istituzioni e le opere perdono questa capacità di leggere i «segni dei tempi». Per questo la storia di don Guanella, quella che lui stesso racconta ne *Le vie della Provvidenza*, richiama ad una necessaria e penetrante familiarità con i tempi e con la storia. È anche il senso e il valore di questa autobiografia.

L'inquietudine di don Guanella è quella di un prete che sta stretto nel mondo ecclesiastico dei benefici, in cui il guadagno del sacerdote è rilevante. Questo è anche il mondo ecclesiastico dell'*Ancien Régime*. Una domanda lo inquieta: «I salesiani percorrono il mondo in benedizione, e tu?». Così il nostro prete comincia la prima delle sue opera di carità. È la Casa della Divina Provvidenza a Como, alla cui realizzazione non manca l'aiuto di un vescovo importante, monsignor Andrea Ferrari (il quale da cardinale arcivescovo di Milano visse una stagione di incomprensione da parte di Pio X, ma che con don Luigi fu sempre molto familiare, fino a celebrarne il funerale).

Il linguaggio e le opere della carità

Tempi nuovi richiedono qualcosa di nuovo: lo esige la transizione storica che travaglia l'Italia e la Chiesa. Le «cose nuove» di don Guanella sono la carità verso i poveri. Il linguaggio e l'azione dell'opera guanelliana sono l'amore per i poveri: «Quali persone di preferenza si dovevano ricoverare? I figli poveri e i vecchi poveri. Con quale preferenza? I più poveri e i più abbandonati si volevano preferire per incontrare le promesse di Gesù Cristo», così egli scrive. C'erano «le creature scarse di mente», mentre non si trascuravano i sordomuti e i poveri di ogni genere. Guanella non si specializza in un campo definito di povertà: tutti i poveri sono il suo campo d'azione. Questo distingue le due congregazioni da lui fondate da altre congregazioni che hanno una finalità più diretta. La carità verso i poveri è il campo dei suoi figli e delle sue figlie.

Il mondo dei poveri era particolarmente vasto nell'Italia risorgimentale e del primo Novecento, sottoposto spesso a dure condizioni di vita (come nei manicomi, il cui sistema di vita è giudicato severamente da don Luigi). Tra l'altro, a fine Ottocento, don Guanella individua una povertà particolare, quella degli anziani, a cui offre ricovero nelle sue case. L'età media comincia ad innalzarsi e i vecchi aumentano, trovandosi spesso soli o sprovvisti di mezzi. Niente di paragonabile alla situazione attuale; eppure il fondatore coglie una tendenza. Egli dice alle sue suore: «È opera grande essere occhio al cieco, bastone al cadente. La vecchiaia per se stessa è venerabile. Le religiose con fede si dedichino agli anziani e con gli occhi della fede fissino il proprio sguardo in quegli occhi infossati e semispenti, in quelle fronti rugose, in quelle persone curve e barcollanti, e con fede accompagnino i singhiozzi del morente...».

Il vecchio non era più il saggio rispettato nella famiglia patriarcale che don Luigi aveva conosciuto da bambino. Anche in questo senso il mondo antico comincia a passare. Gli occhi della carità rendono il fondatore sensibile alla scoperta delle povertà, anche nascoste, della società. Le sue case e soprattutto la sua opera vogliono essere aperte a tutti.

La carità verso i poveri è un linguaggio eloquente nell'Italia liberale. Innanzitutto viene incontro ad un'esigenza vitale di una società con tanti poveri. Ma parla con chiarezza anche a gente lontana dalla Chiesa o critica, com'era la classe dirigente liberale nell'Italia di allora. Con i poveri si scrivono ogni giorno storie destinate a toccare i cuori e a stupire: «...da farne stupire i profani». Non è un'espressione retorica, perché Guanella stesso (cattolico fedelissimo al papa) può constatare come l'amore per i poveri tocchi tanti lontani dal sentire cattolico. Così scrive delle sue opere di carità nel Canton Ticino: «Piaccia al cielo che di fronte al monumento della Libertà di pensiero sorgano monumenti assai della fede e della carità cristiana». Con gente lontana dalla Chiesa, Guanella stringe relazioni per la sua opera di carità. Il linguaggio della carità parla anche a chi rifiuta le parole della fede o si professa lontano da essa.

L'amore per i poveri, poi, tocca e ravviva il cuore dei cristiani che si sono ingrigiti e impigriti. E, per i suoi poveri, don Guanella vuole un trattamento degno nelle sue case, anzi vuole il meglio, in una società (anche tra cattolici) che, quando offre assistenza ai poveri, lo fa in modo molto misurato, se non misero. I poveri hanno diritto ad essere ben trattati. Don Guanella accoglie tutti i bisognosi e dà loro una casa e una famiglia, confidando nell'aiuto dei tanti che lo sostengono: «Mi piace don Guanella – dice il cardinal Ferrari – perché riceve semplicemente quello che gli danno».

Chi si fa amico dei poveri si accorge bene della sofferenza dei poveri stessi: «Vi è poi la maggior parte degli altri – scrive Guanella riguardo al trattamento dei poveri – che non se n'intendono e non vorrebbero vedere i ricoverati, e interdirne loro l'ingresso nella chiesa e ne mostrano nausea come una spazzatura del mondo». Così conclude il sacerdote: «Questo modo di fare quanto è lontano dall'esempio di Gesù Cristo...». Egli infatti contesta la marginalizzazione dei poveri nella Chiesa e nella società. Lo fa con i fatti, mettendo i poveri stessi nel cuore della vita e creando attorno a loro una rete di assistenza, di aiuto, di attenzione. Infatti, una parte dell'opera di questo amico dei poveri è proprio fare di tanti, da indifferenti, ricchi, lontani, sprezzanti quali sono, degli amici dei poveri e simpatizzanti verso le sue opere. La stampa ha un ruolo decisivo nel far parlare le opere di carità e nell'attrarre simpatia per i poveri.

Il fondatore scrive a proposito dei poveri per contestare i pregiudizi contro di loro: «Com'è possibile convivere con costoro? E si giunse perfino a voler abolire i ricoveri dei poveri scemi in vari paesi! Eppure, questi sono per noi il tesoro più prezioso. Gesù non si è forse fatto abiezione e vituperio degli uomini per salvarli?». I poveri – come disse il martire Lorenzo – sono il tesoro della Chiesa. Vanno trattati come un tesoro e rappresentano una vera ricchezza per la Chiesa e per gli uomini. Bisogna scoprirlo e aiutare a capirlo.

Il carisma della carità

Don Guanella diventa portatore di quel carisma che aveva maturato anche osservando l'opera del Cottolengo e partecipando a quella di don Bosco. Trova finalmente, attraverso la vita, una sua responsabile e onerosa originalità: «Lo spirito del venerabile Cottolengo e lo spirito del venerabile don Bosco – scrive – sono ambedue ammirabili e prodigiosi. Segue ciascuno lo spirito proprio che è il soffio divino, il quale soffia come vuole ed a chi vuole i carismi della sua divina grazia». Il suo è il carisma della carità, che egli vive rivolto a tutti i poveri, senza preclusione per l'uno o per l'altro gruppo di essi, e che, alla fine, si rivolge a tutti gli uomini e le donne.

Così, per amore dei poveri, don Luigi diventa costruttore di due congregazioni religiose e di un'importante rete di case e di rifugi per i miseri. Resta per tutta la sua vita, nonostante l'esperienza quotidiana di tante miserie, un uomo vulnerabile ai dolori dei poveri e sensibile alle loro fragilità. Non accetta rassegnato che il loro dolore resti senza compagnia e senza sollievo. Vuole dar loro – lo si ripete – il meglio di quel che ha. Dopo il viaggio in Terra Santa nota come, nonostante la sua assenza, i suoi religiosi abbiano vissuto una buona intesa. È l'occasione per una riflessione sulla carità all'interno della vita delle sue congregazioni e nel governo di esse. L'uomo, nato nell'antica società, attraverso l'esperienza evangelica si apre a un modo nuovo di esercizio dell'autorità.

Don Luigi aveva pensato ad una nuova opera in un mondo in cui finiva l'antico regime, quello dell'autorità, e nasceva una società all'insegna della libertà. La società liberale rappresentava la contestazione di un mondo gerarchico in cui l'autorità veniva dall'alto. L'opera di Guanella si è caratterizzata per il carisma dell'amore per tutti, ma particolarmente per i poveri (per usare l'espressione di Giovanni XXIII un mese prima del Concilio Vaticano II). Egli voleva che l'amore fosse il connettivo delle sue comunità religiose e dell'esercizio dell'autorità in esse: «I superiori, nell'atto di dirigere i propri dipendenti – scrive – siano padri, fratelli, amici più che superiori; favoriscano con semplicità l'amore confidenziale proprio delle famiglie patriarcali» (e qui forse pensava alla sua famiglia d'origine).

L'autorità non deve essere in primo piano nella vita comunitaria, «perché non avvenga che l'autorità torni a scapito della carità», conclude. Si vede come la concezione stessa dell'autorità dell'antico regime sia rimessa in discussione dalla pratica della carità e dall'esperienza dei poveri. Eppure le comunità di don Guanella sono impegnate in realizzazioni molto concrete e nella gestione della vita quotidiana di case in cui vivono tante persone fragili. I problemi quotidiani per lui e per i suoi religiosi non mancano.

Nella sua vicenda di costruttore di tante opere – nota Guanella nell'autobiografia – egli elabora un suo metodo di realizzazione che è, allo stesso tempo, molto pratico ma anche teso a sondare i disegni della Provvidenza, come scrive. Egli osserva: «Concepire l'idea dell'opera, seguirla man mano finché l'idea si chiarisca in noi nelle sue parti, nella sua formazione, e apparisca agli occhi dell'intelletto ed agli affetti del cuore come opera compiuta. Né contenti a ciò, nel porre mano all'opera bisogna essere guardinghi nel cominciare e farne un esperimento in proporzione che persuada l'effettuazione secondo i mezzi... Si disponga l'opera così che da cosa nasca cosa».

È un metodo che chiede chiarezza di intenti e di progettualità, ma anche che accetta l'audacia di costruire senza avere i mezzi necessari. Non si tratta però di un rischio smisurato, perché don Guanella chiede la gradualità nella realizzazione dell'opera, così da misurarne l'efficacia nel tempo. L'audacia accompagna sempre l'opera del fondatore, talvolta considerato sognatore o rivoluzionario. Audacia e concretezza caratterizzano Guanella e trovano la loro sintesi nella coscienza di un uomo abitato dalla fede e convinto che le opere dell'amore, alla fine, saranno vincenti.

Don Guanella è un uomo audace e realista, come si è detto. Sa che i sogni non possono essere misurati solo con il denaro o con la fattibilità. Ma i sogni hanno bisogno di strumenti per essere realizzati. Un'espressione mostra questo realismo umano e credente del fondatore: «Nel cammino della vita e di questa vita perigliosa, trovare buoni amici è di grande conforto. Maggior conforto è trovare amici buoni e potenti». Guanella sa suscitare amici per le sue opere e per la difficile avventura di prossimità ai poveri.

Leggere queste pagine di un fondatore porta a contatto con il lavoro e con i pensieri di un grande «imprenditore» della carità, che costruisce case o restaura edifici, reperisce risorse finanziarie, governa personale. È un uomo che, con l'esperienza, acquista sapienza concreta nella gestione e nella realizzazione di una rete sociale importante. È un uomo che segue i cantieri e che maneggia somme di denaro. Tuttavia questo «imprenditore» di Dio non mira al guadagno o all'affermazione trionfalistica della sua opera, ma soprattutto non è guidato da un criterio economicistico. I soldi servono, ma non sono l'unico elemento su cui si giudica la fattibilità di un'impresa. Egli crede che Dio aiuta, anche perché gli uomini sono attratti dalle «opere buone»: «Quando c'è un meschinello che agli occhi del mondo è privo di mezzi ma confidente nel Signore, la grazia di Dio toccherà i cuori e li invierà all'aiuto vostro», conclude nella sua autobiografia, in cui racconta vari episodi di realizzazione di opere di carità lungo la sua vita.

I mezzi materiali sono importanti. Ma lo sono anche i collaboratori. Si è già detto come il fondatore insista sul governo dei religiosi ispirato all'amore. Anni di guida delle sue opere e delle sue comunità ispirano propositi di saggezza al fondatore: bisogna prendere gli uomini e le donne che il Signore manda, anche perché gli arnesi di ferro talvolta lavorano meglio di quelli d'oro o d'argento. Non sempre sono necessari preti di scienza, ma sempre preti di pazienza. Sono gli «*infirma mundi*, ossia le persone umili per sapienza, per età, per vigoria di corpo e di spirito». Il fondatore vuole realizzare un'opera per i poveri di tutte le categorie, a cui lavorino anche persone umili (chiamava «asinelli» – senza nessuna offesa ma con senso di umiltà – i suoi collaboratori). Così Guanella lavora in Italia e affronta il mondo intero.

Tutto il mondo è patria vostra

Nella prospettiva di un carisma, particolarmente attento ai poveri, don Luigi guarda al mondo intero. Egli è radicato nelle sue valli, nella sua terra: è un italiano. La geografia della sua opera ripercorre anche un'Italia provinciale, ma mira pure a Milano – «capitale morale», com'egli scrive – e poi a Roma. L'Italia risorgimentale di don Guanella vede i cattolici fuori dalla politica per il noto *Non expedit* a causa della posizione del papa. Tuttavia don Guanella non è estraneo alla costruzione del cantiere nazionale dell'Italia unita. Anzi, è un grande italiano, costruttore dell'Italia unita con il suo carisma. Non partecipa alla politica, come non vi partecipano i cattolici fedeli al papa, ma lavora nella società italiana per l'inclusione dei più poveri e per la realizzazione di un tessuto sociale più coeso di fronte ai mutamenti indotti dallo sviluppo e dai cambiamenti. Anche quest'opera è rendere l'Italia più unita.

Don Guanella collabora alla costruzione di un'Italia più coesa, un Paese di tutti, più giusto. Non si può ignorare nella storia dell'Italia unita la vicenda di questi costruttori di una società più giusta. Ma Guanella non è un nazionalista né un provinciale. Egli dice ai suoi, ormai anziano: «Voi non avete più patria, perché tutto il mondo è patria vostra. La patria è là dove è Dio, e Dio è dappertutto». È l'universalismo di una missione al servizio dei poveri. Sono i poveri degli Stati Uniti e di altri Paesi che costituiscono per lui una vera chiamata.

Così don Luigi affronta il grande mondo: va in Terra Santa, dove progetta una fondazione non realizzata; varca l'Atlantico per portare le sue suore negli Stati Uniti, dove sono tanti gli immigrati italiani. Lo aiutano gli scalabriniani. Conviene infatti notare, anche attraverso il racconto di don Luigi, come la sua opera, pur nella sua originalità, si avvalga di un tessuto di cooperazione con altre opere e altre congregazioni. Il mondo dei poveri e dei giovani è talmente grande che chi vi lavora sente il bisogno di nuovi operai, e così le esperienze si intrecciano. Gli anni postunitari e dell'inizio del Novecento sono caratterizzati da un grande sviluppo di iniziative carismatiche.

Guanella volle poi venire a stabilire una casa a Roma, dove arrivò nel 1903, quando finiva il pontificato di Leone XIII ed iniziava quello di Pio X, che si intese con il fondatore in modo carico di simpatia per la sua opera e la sua persona, come un protettore. Non lontano dal Vaticano realizzò la basilica di San Giuseppe al Trionfale.

Roma è sentita da lui come la città del papa a cui si deve star vicini, ma anche come un ponte per allargare le opere guanelliane al mondo intero. Così il fondatore scrive la sua geografia della carità: stare con gli ultimi nel mondo intero.

Con la fondazione a Roma siamo nell'ultimo decennio di vita di don Guanella, che muore nel 1915, quando l'Italia entra nella Grande guerra, già apertasi da un anno e che aveva incendiato l'Europa. Pio X è già morto ed è eletto papa Benedetto XV, che definisce nel 1917 il conflitto come «inutile strage». Con la Prima guerra mondiale finisce proprio il mondo risorgimentale di don Guanella, mentre si smussa la contrapposizione tra cattolici e liberali. Una transizione storica sembra trovare un punto d'approdo. Dalla guerra sorge un altro mondo, con gravi problemi e con nuovi protagonisti mondiali.

Don Luigi aveva esordito come giovane prete polemista intransigente nei confronti di un mondo non più cattolico che privava il papa della sua libertà. Questo è l'orientamento dei suoi scritti. Successivamente aveva sentito il bisogno di qualcosa di significativo e di nuovo in un mondo che cambiava. Era approdato al carisma del servizio ai poveri che aveva fatto di lui un servo della carità. Questa era la grande risposta nella complessa transizione del suo tempo. Fedele al papa, coinvolto e travolto dal sogno di una carità universale (verso i poveri di tutti i tipi e di tutti i Paesi), don Guanella aveva così elaborato la sua risposta alla crisi della Chiesa e della società: proprio a partire dai più miseri.

La sua era un'intuizione molto semplice, evangelica, fondamentale, ma anche complessa e difficile da vivere. Infatti don Luigi mostrava al suo tempo che la carità verso i poveri era vivibile, anzi era una grande risposta del

Vangelo. I tempi cambiano e bisogna imparare a leggerli. I poveri si trasformano, ma sono ancora tanti, troppi. La via di Luigi Guanella, quella dell'amore per i poveri, resta ancora una proposta decisiva per i suoi figli e le sue figlie, per i cristiani, ma anche per la società.

L'autobiografia di questo fondatore, sobria e senza retorica, dettata alla fine della sua vita, è un modo scarno e verace per testimoniare che la via della carità è percorribile e che don Guanella l'ha percorsa. Questo testo infatti rappresenta la narrazione della via della carità in un mondo che cambia e nel cuore di una transizione difficile. La carità è un modo autentico e cristiano di stare nella realtà partendo dai poveri.

AL LETTORE

Con questo nome Le vie della Provvidenza *chi scrive ha inteso di porgere a sé, alle persone care che lo circondano e insieme ai buoni credenti, notizie e considerazioni sopra le opere che passano sotto il nome di Casa della Divina Provvidenza*[1] *e che la Provvidenza in breve tempo estese nella Italia, nella vicina Svizzera e nei lontani Stati Uniti d'America*[2]*. In leggere queste notizie tutti ne avremo sensi di gratitudine al Signore ed alle persone buone che aiutarono dette opere. Per i difetti poi che in questa esposizione si riscontreranno, chi l'ha scritta ne avrà confusione e chi la legge vorrà usarne compatimento.*

Articolo I

LA VALLE SAN GIACOMO

La Valle San Giacomo, lunga per quasi trenta chilometri da Chiavenna al giogo dello Spluga[1], è stretta, pericolosa a passarsi, dominata da una catena altissima di monti che troppo spesso scoscendono e minacciano; è attraversata dal fiume Liro e vi sono nella valle e sui monti paeselli molto frequenti che vivono di pastorizia, di commerci coi vicini Grigioni e di lavori industriali in vari punti d'Italia nella stagione invernale.

Per lungo, da Lecco, Chiavenna, Campodolcino, il magnifico stradale costruito dagli austriaci nel secolo passato[2] conduce fino alla capitale Vienna. Nella prima metà del secolo passato era frequentatissimo, ma ora lo è assai meno, stante i valichi alpini apertisi altrove[3].

La popolazione di Valle San Giacomo cinquant'anni fa viveva sobria, lavoratrice e sovrattutto religiosa.

Taluno si compiacque chiamarla la *Valle dei Santi*[4], perché la Vergine benedetta nel 1492 apparve a Gallivaggio[5], perché poco sotto è l'eremo santuario dove condusse vita solitaria san Guglielmo duca d'Orange[6].

Le chiese parrocchiali, le chiese filiali vi sono frequenti; gli oratori per la celebrazione dei sacri misteri sono pure frequenti sulle alture dei monti dove molti lavorano nelle stagioni estive.

Gli abitanti di cinquant'anni fa vivevano in molta semplicità e nella pratica della santa Messa per lo più quotidiana, dei santi Sacramenti molto frequenti, del Rosario a sera in ogni famiglia e simili. Ai giorni nostri l'alito del progresso vi è pure penetrato, ma ancora si lodano e si praticano da molti le tradizioni del passato.

Provvidenza del Signore che dai monti soffia bene spesso la grazia di Spirito Santo e dalle valli concentra il fervore di una solitudine preziosa! Piaccia al cielo che i montanari semplici non si accostino troppo facilmente al fragore ed alla dissipazione della città senza esservi prima chiamati manifestamente dalla guida della divina Provvidenza.

Articolo II

LA FAMIGLIA GUANELLA IN CAMPODOLCINO

Campodolcino, per maggior abbondanza di popolazione, per qualche allargamento maggiore di territorio e quindi di commercio, è oggi ritenuto come il capoluogo della Valle San Giacomo. La chiesa parrocchiale[1] fiancheggia il torrente Rabbiosa che discende dalle ghiacciaie del Pizzo Stella[2] e fiancheggia pure la frazione di Fraciscio, ricca di circa quattrocento abitanti con chiesa propria vicariale[3]. In piano della parrocchiale le frazioni dette dei Tini, di Porta Rezia[4], di Prestone lunghesso il fiume Liro; a destra del Rabbiosa sono le frazioni dette Asèe e Corti; in alto poi della sponda sinistra del Liro la frazione detta Motta ed a destra la frazione di Starleggia, ricche tutte codeste frazioni di una chiesa filiale e di oratori per processioni di Rogazioni e simili, che ancora oggi dinotano la fede pratica dei nostri antenati.

I cognomi Guanella si riscontrano in più famiglie. La famiglia Guanella alla quale alludiamo ha casa e beni in Fraciscio.

Il capo di casa Guanella Lorenzo, di Tomaso[5], è un tipo di montanaro vestito sempre alla spagnuola[6] anche quando dagli altri si intese seguire le mode nuove; di colorito sano appariscente, di un carattere fermo e inconcusso come le rocce del Calcagnolo[7] che circonda. Per circa ventiquattro anni[8] fu primo deputato e sindaco nel comune di Campodolcino. Il Lorenzo Guanella era di tale veduta che nessuno meglio. Era sempre l'ultimo a parlare e l'ultima parola era la sua anche al confronto di autorità mandamentali o provinciali, perché sapeva di essere sicuro e giusto nelle vedute e proposte sue.

Manco dire che nella sua famiglia di tredici figli[9] era come sacerdote e re perché leggeva, a così dire, nel cuore di tutti e li voleva crescere alla virtù, alla obbedienza, al lavoro. Il peso della sua autorità provvidenzialmente veniva controbilanciato dalla madre sui figli, Maria Bianchi, discesa dalla frazione di Motta[10], donna di energia e di soavità di modi onde nella famiglia era un vero tesoro di provvidenza. Allevò tredici figli ed era sempre prima puranche alla direzione della casa ed ai lavori della campagna.

Il padre per tirare avanti la sua numerosa prole esercitava anche la mercatura[11], come costumano molti ancora adesso nella Valle San Giacomo. La figura di Lorenzo Guanella morto a 74 anni nel 1874, si ricorda con piacere ancora adesso e si augurerebbero i più di averlo presente come modello di governo e di retta coscienza.

Articolo III

IL SACERDOTE GAUDENZIO BIANCHI

Da molti anni non era uscito un allievo al sacerdozio, quando il fanciullo Gaudenzio[1] si presenta alla madre Elisabetta[2] e parla decisamente: «Io voglio farmi prete e mi aiuterò anche colla sostanza del mio defunto padre». Divenne sacerdote lui e aiutò nella carriera gli unici fratelli uterini Lorenzo Buzzetti[3], che morì arciprete di Chiavenna d'anni 73 nel 1898, ed Antonio Buzzetti[4], scrittore lodevole che fu per molti anni parroco di Sant'Agata di Como.

Il sacerdote Gaudenzio Bianchi per dieci anni fu parroco di Campodolcino e poi direttore spirituale del Seminario di Sant'Abbondio e del Teologico di Como: fu una vera provvidenza nell'instillare le vocazioni ecclesiastiche e trarre al santo altare forse una trentina di allievi del Santuario dall'anno 1851 a tutt'oggi 1914. Fra questi fortunati nella sola frazione di Fraciscio[5] si notano due sacerdoti della famiglia Trussoni[6], due nella Guanella[7], un altro Trussoni attuale canonico[8] nella cattedrale di Como, un Trussoni don Felice[9] e Trussoni Tomaso[10], per trent'anni professore nel Seminario di Como ed attualmente arcivescovo di Cosenza.

Della famiglia Gadola di Campodolcino uscirono sacerdoti tre[11] parimenti e due della famiglia Zaboglio: Agostino, il maggiore, a tutti noto, e Francesco[12], che fu uno dei primi alla scuola ed alla missione Scalabrini nelle due Americhe. Fra i membri della famiglia Guanella in Fraciscio uno fra i primi iniziati da don Gaudenzio fu Lorenzo, che passò a miglior vita prevosto di Ardenno, venuto a morire nella Casa della Divina Provvidenza in Como, assistito dal proprio fratello sacerdote Luigi in luglio 25 dell'anno 1906.

Articolo IV

REMINISCENZE GIOVANILI

Il sacerdote Luigi Guanella ora che ai suoi anni valicati sopra i 70 ritorna il *puer septuaginta annorum*, di tempo in tempo secondo le circostanze, magari anche di conferenze famigliari di Natale, pare ringiovanire con ricordare avvenimenti propri e della famiglia.

Nelle lunghe serate invernali specialmente festive si leggevano in famiglia Guanella la Bibbia santa e vite parecchie di santi. Luigi e Caterina, la sorella[1], dai sette ai dieci anni chiosavano i fatti dei santi che nella persona dei poveri vedevano la persona stessa di Gesù Cristo. Di poi si recavano al prato superiore alla casa dove era un grosso masso con dentro certi vuoti, come marmitte. Allora si diceva: «Facciamo qui la minestra dei poveri»[2]. E si metteva terriccio ed acqua in quel cavo di marmitta e si rimescolava e si diceva con infantile ingenuità: «Quando saremo grandi faremo così la minestra dei poveri». Era la vigilia di San Giovanni Battista, protettore della parrocchia.

All'indomani il fanciullo Luigi incontrò sulla piazza della chiesa parrocchiale il proprio cognato Guglielmo Sterlocchi, padre dell'attuale canonico[3]. Il cognato comperò dei zuccherini e li diede dicendo: «Fa' anche tu, Luigi, la festa di San Giovanni». Poco stante suonò il richiamo, ma di entrare in chiesa coi zuccherini in saccoccia il fanciullo ne sentiva scrupolo e si affrettò a nasconderli superiormente ad un mucchio di legnami che stavano accatastati di fronte alla casa vicariale e di fronte al cosiddetto *casino dei preti*[4]. Era deserto intorno. Il giovinetto Luigi sentì un batter secco delle due palme, guardò là e vide un bel vecchietto che gli porgeva le mani quasi per dire: «Danne a me di quei zuccherini». Luigi ne sentì un panico, finì di nascondere gli zuccherini e guardando non vide più il buon vecchietto e ne provò amarezza e rincrescimento. Chi parla, se fosse un pittore, ne potrebbe descrivere le fattezze del viso, la pietà degli occhi e lo stendere delle braccia e l'abito in costume del luogo e il colorito delle vestimenta, come se vedesse tuttora cogli occhi propri. Il giovinetto nella semplicità sua non ne parlò con veruno sin oltre i vent'anni, ed ora lo ricorda per quello che si vuole, visione od illusione. Chi scrive tiene per la prima dizione.

A quella età la buona mamma preparava il figlio Luigi alla prima Confessione e gli diceva: «Dirai che hai fatto questo e quello...» e tesseva un po' di esame di coscienza mentre il figlio commosso piangeva dirottamente. Fu dunque alla prima Confessione al sacerdote Giovanni Lima[5], ripetendo non altro che le risposte della mamma: «Ho fatto questo e quello... quello e questo».

Il sacerdote non poté non ridere anche fuori chiesa con persona discreta.

Venne anche il giorno della prima Comunione, in sui nove anni di età. Pareva al giovine Luigi che il giorno della prima Comunione l'avrebbe passato meglio nella solitudine di Gualdera[6] (stagione primaverile). In questo alpeggio presso la cascina paterna si solleva un piccolo colle detto Motto, sostenuto a mezzodì da uno scoglio quasi muraglia di 20 metri lungo, alto 8 metri. A metà dello scoglio sono due pratelli a forma di divano. Ora in uno e quando in altro di questi si raccoglieva solo a pregare od a riposare. Luigi si adagiò sul primo divano, deciso a rimanervi a lungo in preghiera ed in lettura. Intanto nel suo cuore si svolgeva un passaggio di soave dolcezza, quasi di paradiso, che lo persuadeva a forti propositi di bene. Durò per pochi minuti, ma gli lasciò fino ai suoi 70 anni un soave conforto ed un ricordo che vorrebbe pur perpetuare colla pietra[7], molto più che la sorella Caterina, che ora come serva di Dio attende il buon esito dei processi apostolici[8], si sa che ivi guidata da Dio si raccoglieva pure molte volte in dolcezze spirituali di preghiere e pie letture.

Questo è un saggio delle più care memorie della fanciullezza innocente. Ma di poi? Le vivacità di raccogliere dei fiori sugli orli dei precipizi, di saltare una corrente con pericolo di precipitarvi, di saltare come uccello da varie alture e mettersi a guado nelle correnti di un mulino con pericolo di rimanere frantumato fra le ruote, di rimanere sotto le slitte della diligenza invernale e risalirvi al terzo cavallo che succedeva al trotto. Allora sarebbe parso di scorgere evidentemente l'Angelo custode salvatore. Erano vivacità fanciullesche senza ombra di male morale, erano effetti di un carattere sanguigno che si sentiva di provarsi ancor fanciullo alla prova ed alla sfida di varie difficoltà. Così è vero che l'uomo si agita e Dio lo conduce. I fanciulli parmi somigliarli a quelle nostre caprette montane che per molte ore si allontanano dal caprile e saltano di balza in balza, ma poi verso sera quando il pastore le chiama con alte strida gli corrono incontro perché sanno di assaporare dalle mani di lui del sale saporito.

Ai dieci anni fu mandato a Pianazzo[9] per compiere più regolare un corso di scuola elementare presso il parroco parente don Antonio Buzzetti.

Fino a dieci anni non aveva visto carro o cavalli e vedendoli per la prima volta sfuggiva dalla strada giù per i prati, ma un mese dopo pigliava tanta confidenza coi cavalli da esporsi ai pericoli di cui si è detto.

A Pianazzo la neve era caduta fino ad un metro e mezzo, ed allora si facevano gallerie, si saliva fino a Madesimo nei giorni festivi e poi giù a rotoloni come gli scoiattoli. Erano compagni di scuola due Scaramellini ed un Adamossi[10], il quale sapeva fingersi malato a morte per poter rientrare nella sua famiglia a Gallivaggio. Ora tutti sono morti. Morto arciprete a Gordona anche il primo maestro a Fraciscio, don Giovanni Battista Persenico[11], conosciuto di poi in tutta la diocesi come sacerdote per eccellenza semplice e dabbene con tutti.

Era venuta la state[12] quando Luigi discendeva tutto in sudore con un carico di strame dalla valle cosiddetta di Calcagnolo. Il padre smettendo per un momento della naturale sua severità disse: «Preparati allo studio perché il signor prevosto Bianchi ti ha ottenuto un posto gratuito nel Collegio Gallio[13]». La famiglia se ne rallegrò e la sorella Caterina, che allora contava i tredici anni, interrogò: «Sarai tu dunque un prete?»[14].

Articolo V

IL COLLEGIO GALLIO

Diceva papà Lorenzo al figlio: «Il giovinetto Gallio che era povero povero[1], si dice che per risparmiare la spesa dell'olio studiava alla sera al chiarore di lampada delle vie, eppure diventò cardinale ed istituì il Collegio Gallio per i poveri». I padri Somaschi celebrarono or fanno alcuni anni il terzo centenario della fondazione.

Nel primo viaggio che feci col fratello Lorenzo, chierico nel seminario, giunto a Colico[2] si videro cavalloni straordinari di acqua. Il fratello maggiore domandò: «Hai tu paura?».

«Se non ne hai tu, nemmeno io» e salimmo il battello fra le ondate.

A sera si entra nella gabbia del collegio. Il collegio è un conservatorio sacro e un luogo d'ogni benedizione, ma l'uccello di bosco è entrato nella gabbia. Che panico il coricarsi ed il primo levarsi nel collegio! Che peso per un montanarello semplice la disciplina della campana, le grida troppo frequente minacciose dei superiori e dei prefetti! Per ogni espressione materiale il silenzio all'angolo, il *senza vino* ai pasti, la sgridata se un giorno solo il prefetto o assistente notifica ai superiori una negligenza meno che colpevole. Non si sentiva la voce benevola della mamma, non il conforto dei fratelli: era a quei tempi in tutte le Case di educazione un sistema troppo rigido che educava i cuori più al timore che all'amore.

E quegli studi sopra materie moltiplicate e quei brani di autori classici italiani e latini, che lacerazione a più di un intelletto non ancora usato!

Le pratiche di pietà, esse stesse con tutto un sistema di rigore eccessivo.

Dal 1859 in poi ne venne col progresso dei tempi una reazione, che poi riuscì tanto funesta[3]. Si avevano nondimeno fra i padri Somaschi ingegni di classicità dinanzi ai quali si scansavano come atterrite le autorità superiori di sorveglianza[4]. Taluno era di coscienza così sottile da chiedere genuflesso perdono allo scolaro che aveva creduto colpevole nel disturbo della scuola. Per grazia di Dio il padre censore[5] era dappertutto colla sua voce grossa a minacciare e castigare, ma era di cuor buono e tanto popolare che, morto pochi anni fa, lo si ricorda da centinaia e centinaia di allievi cresciuti alla famiglia ed agli impieghi civili ed ecclesiastici.

Era costume che un alunno di V o VI grammatica recitasse il panegirico di san Luigi, e vi fu scelto don Guanella istruito alla declamazione da Giovanni Scalabrini, allora chierico assistente[6] ed a suo tempo vescovo di tanta celebrità.

L'alunno Guanella compié così i suoi studi ginnasiali e conservò poi sempre riconoscente l'affetto suo. L'Angelo suo tutelare lo aiutò che ne uscisse come vi era entrato, ignaro di umane miserie e semplice anche nelle rivoluzioni che dal 1859 in poi travolgevano la mente ed il cuore di molti.

Fu un momento che i padri Somaschi credevano farlo suo, ma ei passò al Seminario filosofico di Sant'Abbondio in Como[7] dove fu scelto per essere prefetto e quindi *prefettone* nelle classi liceali. Ma anche là pareva al chierico Guanella di sentire i difetti di una educazione più benigna. Il Guanella, che fatto sacerdote ebbe praticato per tre anni l'indirizzo di don Bosco a Torino[8], è di parere che un po' di quel dolce con cui egli seppe condire il suo sistema preventivo avrebbe guarito molti difetti nell'educazione di quell'epoca.

Me ne perdoni il lettore, e in compenso di queste osservazioni valga l'ammirazione per tanti professori valenti, la gratitudine proprio per superiori di pietà veramente distinti. Molto bisognava perdonare dei difetti ai tempi ed alle persone.

Articolo VI

REMINISCENZE

Del Collegio Gallio vengono innanzi figure soavi di compagni di scuola, di professori, di rettori, di qualche padre provinciale che molto amavamo. Questi ultimi il Guanella avrebbero ascritto fra i loro novizi, ma questi non si sentiva abbastanza chiamato. I nomi dei padri Emilio Arisio, Antonio Crepazzi, profondo in lingue classiche, dei fratelli Sandrini, di don Andrea Porro e di don Agostino Fasola rimangono profondamente fissi in cuore[1]. Il padre Lodovico Alfonso Sandrini, professore in I grammatica, inventava una carrozza-bicicletta a due cavalli capace a divertire nei cortili almeno sei alunni per volta. Nei primi il don Eugenio Bonoli, fondatore delle Zitelle povere pericolanti in Como, era guida zelante per i santi Sacramenti[2].

Prefetto il giovane Guanella nei dormitori di II ginnasiale, litigava coi gatti chiudendoli nel locale separato e si studiava di spaventarli colla scopa, e fu grazia che ne avesse salva la vita. Per tempissimo di primavera teneva socchiuse le vetrate per istudiare al fresco dell'aria mattiniera e risicò una polmonite ed una tisi irreparabile. Nella sua testa non passava entro la scienza dei numeri, ma agli esami finali il professor Luzzani concludeva: «Il Guanella è diligente, non riesce nella matematica ma passi con un *vix*, che tanto sarà un pretaccio»[3].

Nel 1859 il fuoco dell'insurrezione scottava le teste. Un professore di tedesco, Telfy Zima[4], in odio agli austriaci trascurava l'insegnamento del tedesco, e così il Luzzani passava l'ora di scuola inebbriandosi nei racconti dei trionfi nella Guerra di indipendenza. Due giovani, Lombardi e Squassi, ai 16 anni[5] si arruolavano garibaldini sino a campagna finita non badando alle lagrime dei genitori. Durando minacciava la battaglia di San Fermo[6]: i cannoni erano appuntati sulle porte del collegio. I padri Somaschi erano in grande agitazione, ma gli alunni ad inneggiare al prossimo ingresso di Garibaldi contro le truppe del generale Urban, ingresso che avvenne dopo tre ore, alle 9 di sera da Porta Sala che fu poi detta Barriera Garibaldi.

Questi ed altri avvenimenti non commovevano punto l'animo del giovine Guanella, perché all'insaputa di altri e di se stesso ruminava altri desideri nel cuore.

Fanciullo a sette anni pascolava le mucche con due compagni che si dilettavano troppo spesso di sconcezze, ma occultavano il tutto al giovinetto Guanella perché dicevano: «Luigi di queste cose è meglio che non sappia». E così accadde più e più volte nel corso degli studi, ovvero in viaggi diurni o notturni in più circostanze della vita, che si scansarono pericoli senza sapere che erano pericoli. L'*attende tibi*, guardare a se stesso, e non implicarsi in amicizie ed in compagnie non necessarie, questo è consiglio che si è trovato opportuno.

Il giovane Guanella ardeva di desiderio di passare al seminario per gli studi filosofici nel Seminario di Sant'Abbondio, e la famiglia vedeva volentieri senza fare pressione di sorta. Probabilmente rincresceva di spendere[7]. Nel seminario sperava godere maggior raccoglimento, ma i bollori della rivoluzione bollivano anche nel cuore di quegli allievi del Santuario. In VIII classe, di 22 chierici solamente la metà passò al Seminario Teologico.

Il Guanella si creò prefetto della camerata di VII classe, dedicata alla Madonna, e poi di VIII, nella camerata del Santo Crocifisso. Ma era troppo semplice e buono. Il piissimo rettore Angelo Bolzani[8] gli dava delle buone lavate di testa, ma il *gran prefettone* se ne scusava col dire: «Io di usare rigore non sono capace, e poi sono anche persuaso che ciò che non potrei ottenere colle buone maniere, tanto meno si otterrebbe colle cattive».

Si era iniziato un giornale credendo di occupare le menti e calmare i cuori di quei leviti ardenti di amor patrio, ma il giornale dopo non molto tralignò; venne per la soppressione il vescovo monsignor Marzorati[9]. Il buon rettore Bolzani scusò la cosa dicendo: «Gli articoli del Guanella[10] sono istruttivi ed ascetici e a lui bisogna perdonare perché, visto l'abuso dei compagni, ne riferì con prudenza ai superiori».

Nelle reminiscenze nostre si avanza la figura veneranda, austera, pia del sacerdote Gaudenzio Bianchi, che di tempo in tempo mi visitava nel Collegio Gallio. In una di queste visite: «Per regalo del Natale vuoi il panettone solito o il *Quaresimale* del Segneri?». Scelsi il *Quaresimale* che poi mi feci famigliare[11]. Il medesimo negli anni di liceo mi iniziò nello studio della musica, ma poi mancando l'esercizio fu tempo perduto, come nello studio del tedesco ed anche del francese. Se cresciuti adulti si ripassassero le materie studiate, se ne avrebbe profitto e soddisfazione non poca. Ma «*quis est hic et laudabimus eum?*»[12].

Il venerando direttore ci teneva d'occhio nelle vacanze, mentre ancor egli soggiornava nei locali del cosiddetto Palazzo alle Corti[13] e ci forniva il pranzetto con sé nei giorni festivi e ci accompagnava col cugino chierico Luigi Trussoni a visitare per essere edificati il suddiacono Antonio Guanella, figlio unico di Pietro Antonio[14], tanto dotto che pio, vero modello dei seminaristi, il quale poveretto dopo 24 mesi di malattia ad un piede saliva al cielo nel medesimo giorno in cui i compagni suoi salivano per la prima volta l'altare santo. La mamma Angiolina domandava sconsolata: «Se io posso andare in paradiso vedrò faccia a faccia il mio *Tognino*?». E assicurata che sì, soggiungeva: «Allora io vorrei morire anche subito subito».

Ritornando dal collegio alla vacanza, raccomandava don Gaudenzio Bianchi di non dormire attraversando il Pian di Spagna[15] per non pigliarsi la febbre e soggiungeva: «Peccato che questi stagni non si pensi a ridurli a prato». Allora né il giovinetto Luigi e nemmeno il direttore Gaudenzio Bianchi pensavano che nel 1900 sarebbe sorta la chiesa e la colonia-villaggio di Olonio San Salvatore.

Soavissima viene la figura del compagno di studio Luigi Trussoni, compaesano e cugino al Guanella, il cuore del quale col cuore del parente era come una mela partita per mezzo. I due amici vivevano l'uno per l'altro e quando il Trussoni, ordinato sacerdote un anno prima, per causa di malattia di esaurimento nervoso non conosciuto ai Bagni del Masino era trasportato morto a Campodolcino, il chierico Guanella per il molto piangere e desolarsi fu grazia che in quello stesso dì dell'Assunzione di Maria potesse recitare il discorso della Madonna nella cosiddetta Selva[16], dove il popolo si convocava venendo processionalmente dalla augusta chiesa arcipretale di Prosto.

Sia pace all'anima dei nostri venerandi Antonio Guanella suddiacono, ed ai sacerdoti Luigi Trussoni e Gaudenzio Bianchi. Pace a loro, come ai sepolcri benedetti dei nostri antenati e fratelli ivi, ed alla nostra serva di Dio

Caterina Guanella, che il Signore glorifichi all'onore degli altari.

Viene poi innanzi la figura veneranda del celebre nostro Serafino Balestra[17] di Bioggio luganese, un fenomeno di attività e di ingegno, un monte di granito contro del quale si infransero le onde infuriate della contraddizione. Ristorò e ridusse all'antico il tempio di Sant'Abbondio. Scoperte sotto il pavimento dello stesso delle arche romane, ci faceva assistere al discoprimento delle stesse, ci faceva osservare il leggero polverio che s'innalzava e pochi avanzi di timo selvatico, segno della potenza e della gloria di chi un giorno fu.

Il don Balestra non sognava che il suo tempio di Sant'Abbondio. Trovò fra gli altri il signor Valli[18], negoziante di pietre, che poi gli fu compagno fedelissimo e cooperatore nei lavori del rinomato tempio di Sant'Abbondio, oggetto sempre di ammirazione anche ai dotti delle nazioni lontane. Gli fu egualmente compagno nei restauri nell'altra chiesa monumentale di San Fedele e di più altre nella diocesi e fuori.

Il professore Serafino Balestra consumava anche le notti in studio della fisica e prevedeva non lontano il tempo in cui si sarebbero illuminate le città per mezzo del gas e più specialmente per mezzo di luce elettrica, che sarebbe perfino entrata negli usi domestici. Si applicava allo studio di meccanica e ci conduceva nella fabbrica vicina del Pantaleone per studiare le forze motrici dei vapori e delle ferrovie[19]. Agli ingegneri che studiavano il traforo di Monte Olimpino[20] diceva: «Attenetevi alla sponda destra e non a questa sinistra dove troverete impedimento di acque», e fu indovino benché non ascoltato.

Il maestro si dava poi allo studio dei viaggi onde perfezionarsi nelle lingue classiche, e specialmente nell'italiano, alle quali sapeva entusiasmare gli scolari. E quasi tutto fosse poco, si mise in mente: *la parola ai sordomuti*, come a tutti è noto. Anni di poi si trovarono alla villa del vescovo, allora Carsana[21], in Dongo e il Balestra interrogò: «Che fai tu qui? Perché non posi come gli altri?». Rispose il don Guanella: «Mi sento di seguire i passi del maestro, e lei quando poserà?».

«Io – soggiunse – quando avrò tanto di terra sopra il mio corpo». Mesi di poi attraversò l'oceano sino a Buenos Aires, dove in tempo purtroppo breve fu ucciso dalla cruda passione che si dice invidia.

Il don Guanella tante volte lo chiamò dal sepolcro e tante volte invitò amici ed ammiratori per far risorgere fino all'ultima le lotte ed i trionfi di quell'eroico, ma non l'ottenne. Un comitato eresse un modesto monumento nel tempio di Sant'Abbondio e di là il cavalier don Serafino Balestra parla ai posteri suoi.

Amicissimo di Balestra era pure il professore sacerdote Castelli[22], ticinese, per 30 anni docente in filosofia e teologia nei seminari di Como e provicario per la parte della diocesi ticinese; dopo la divisione, vicario generale sotto l'arcivescovo monsignor Lachat[23] e delegato apostolico nell'anno di vacanza dopo la morte di monsignor Lachat, poi arciprete della cattedrale di Lugano e protonotario con insegne vescovili. Come tale chiuse con gran pompa le feste quattro volte centenarie dell'apparizione della Madonna di Gallivaggio e più non si vide dal suo antico discepolo. Così passano gli uomini nelle vicende umane finché tutti navigando ci troviamo nel vasto mare della eternità.

Chiarissimo professore negli anni liceali fu pure il sacerdote Luigi Albonico[24], che passò poi prevosto a Tirano. Anche questa nobile figura ci è presente come in questo dì colle sue sapientissime lezioni e colle sue spiegazioni botaniche quando ci conduceva ai passeggi di Camerlata, di Cernobbio, di San Donato e di Lora. Nemmeno allora si pensava che Lora diventasse la Santa Maria di oggi giorno[25], eppure le vie della divina Provvidenza vi ci condussero.

Articolo VII

DA SANT'ABBONDIO AL SEMINARIO MAGGIORE

Il Seminario maggiore di Como come costruzione è un bel monumento dell'ingegnere Cantoni[1]. Il busto del vescovo Rovelli[2] che lo fabbricò è là che predica: «Io volli sempre rispondere personalmente per essere meglio ascoltato dai parroci della diocesi... Congedava i miei visitatori col motto: *Ricordiamoci che dobbiamo morire*... Non soscrissi al Concilio nazionale del Bonaparte e fui contento».

Nel seminario fiorivano il facondo professore in teologia dogmatica Camillo Manzoni[3], il chiarissimo professore Armandolini[4] nella teologia morale, il professore Anzi[5] nella storia ed ermeneutica.

Quest'ultimo ci edificava colla assiduità dei suoi studi botanici. Nelle lunghe e fredde nottate di gennaio sedeva a scrutare colle lenti il valore dei licheni di cui aveva piena la stanza. Il chierico sagrestano Pietro Joo[6] lo invitava alle 8 del mattino seguente per celebrare la santa Messa, il professore quasi svegliato dalla lunga estasi di studio domandava: «Non sono ora le ore 8 di sera?».

Tanto buono e semplice, nei giorni di festa onomastica lasciavasi portare seduto in cattedra, quasi il trionfo di padre con i suoi figli. Caritatevolissimo con tutti, curava molti ammalati. A don Guanella che cercava di consiglio medico il suo professore, rispose tre volte: «*Caro mea non est aenea*»[7] e non volle replicare altra parola. Girando sulle montagne nostre in cerca di licheni fu sospettato per una spia di governo. Discendendo poi a predicare in Bormio, le donne di fede semplice origliavano fra loro: «Preghiamo che non abbia a fallare»: per la sua foggia di vestire poco mancava non lo chiamassero mago. Morì poi canonico del Duomo e la città riconoscente gli dedicò una via, come pure fece col celebre Serafino Balestra.

Nel Seminario maggiore era viva la parola e lo zelo del direttore spirituale Gaudenzio Bianchi, il quale troppo presto ammalò di itterizia e volle discendere nella tomba comune dei suoi padri e dei già prediletti parrocchiani e figli spirituali diletti di Campodolcino. Avanti morire provvide alla fondazione della Stazione cattolica di Andeer nei Grigioni.

Anche questa Stazione da circa dieci anni passò in direzione al sacerdote Luigi Guanella, che poi ne fece copioso ampliamento. Anche questo fatto fu una guida della divina Provvidenza per le fondazioni che il Guanella fondò a Splügendorf, a Roveredo di Mesolcina, in Valle Bregaglia[8] e in altri luoghi del Cantone Ticino.

Era costume e privilegio che taluni chierici teologi si recassero come prefetti in assistenza degli alunni del Collegio Gallio. Bisognava dunque correre quattro volte al giorno per circa un chilometro di strada e affrettarsi per non venir meno alle proprie mansioni. Bisognava condurre vita di studente per sé e quasi vita di parrocchia come istitutore in una camerata di una ventina di giovani che bisognava sorvegliare giorno e notte ed educarli come meglio si poteva. Il Guanella proseguì per due anni questa vita certamente faticosa ma, come si disse, il Guanella non si sentiva di fare il rigoroso ed i superiori del collegio non si sentivano di adattarsi alla sua benignità che dicevano oltrepassare i limiti, e così nel III anno di teologia entrò definitivamente nel seminario, dove fra gli altri trovò il chierico Giovanni Battista Scalabrini, il quale già accennava col suo ingegno e la sua pietà a raggiungere uffici gloriosi ed a compiere imprese grandi in servizio di santa Chiesa.

Il chierico Guanella nel III e IV corso di studio era passato in proverbio come di mercante e come provveditore per i chierici compagni e specialmente per quelli che dovevano nell'anno ricevere il presbiterato. Era associato a parecchi periodici, come *Il Devoto di san Giuseppe*[9], *Il Messaggero del Sacro Cuore*[10] e ne fece propaganda insistente. Nel frattempo il Signore dispose che facesse conoscenza con don Bosco, ora servo di Dio, e con il Cottolengo, istituzioni che ammirava ed amava quanto più aveva occasione di studiarle, onde non forse si può congetturare che i primi passi alla vocazione del Guanella cominciarono qui.

Non forse in questo frattempo, il chierico Guanella si dava pensiero di qualche compagno malato e nei mesi di vacanza si compiaceva visitare gli ammalati e portar loro qualche regaluccio. Vicino di casa era un certo vecchio *Nesin*, Battista Levi[11]: lo assistette per circa un mese sino alla morte. Portava in camera dell'ammalato i suoi libri, specialmente il Taparelli, *La questione sociale*[12]; passava le buone ore studiando ed annotando, con l'occhio pure intento al vecchio infermo. Era il mese di agosto, tempo prezioso per raccogliere i fieni selvatici: i figli Angelo e Battista potevano starsene lontani per molte ore che il vecchio padre era assistito.

Come dei vecchi, sentiva speciale predilezione dei fanciulli teneri. Di qualche fanciullo di Chiavenna che veniva a villeggiare in casa Guanella, il chierico Luigi ne aveva una cura quasi materna e veniva circondato per molte ore del giorno, e sapeva acquietare colla semplice presenza qualche fanciullo tenero che sospirava la presenza dei genitori. I fanciulli del vicinato gli tenevano dietro alla chiesa ed a qualche passeggiata con gioia infantile. Talvolta si faceva accompagnare su pel monte per raccogliere ciottoletti di varie qualità e colori che poi servivano per un presepio a tre archi di capanna. Li aveva seco per mettere assieme altarini di cartone, quadri, e per imbiancare una muraglia di scale, di corridoi, ovvero per pingere una soffitta d'un pittore *buona scopa* e che ancor si vede nella camera della serva di Dio Caterina. Si applicava anche per costruire cornici in legno, ma non riusciva e gli pareva perdere tempo per lo studio e le letture, ma di questo a suo tempo e ritorniamo al seminario.

Ivi si affrettò alla visita di monsignor Bernardino Maria Frascolla[13], vescovo di Foggia, che gli era come maestro e padre e gli raccontò il fatto seguente: «Voi sapete che da circa tre anni attendeva per tradurre il *Magnificat* in rima italiana, ma mi trovava come affogato in un pelago di bellezze che io non sapeva esprimere, quando nella notte dell'Assunta, non sapendo chiuder occhio pregai: Che io possa almeno, o Vergine Santa, tradurre meno indegnamente il vostro *Magnificat*. Tosto mi si chiarì la mente. Mi vennero le parole e le rime e chiamai: Ciccio! – il suo fedel servo Francesco – e gli dettai d'un getto solo la sospirata traduzione del *Magnificat*».

Chi era il vescovo Bernardino Maria Frascolla? Era il vero angelo della diocesi di Foggia, tutto intento a raccogliere in congregazione i sacerdoti ed informarli al vero spirito papale. E in altra congregazione gli operai, onde i padroni domandavano: «Questo operaio che desidera lavoro è discepolo del vescovo?». Per questo fu dichiarato nemico della patria e sotto pretesto di confessarsi fu assoldato un sicario per trapassargli il cuore con uno stilo, ma poi vinto da tanta bontà del vescovo gli si prostrò penitente e gli consegnò l'arma omicida. Giorni di poi, in sul far della mezzanotte fu preso e condotto prigioniero fino a Bologna poi a Milano, dove subì le prime interrogazioni, e da Milano a Como nelle prigioni di San Donnino per due anni circa, finché gli fu commutata la pena del carcere in quella meno dura del domicilio coatto nella città di Como, e prese stanza in un appartamento del Seminario maggiore essendo rettore Grandi[14] di felice ricordanza. Il vescovo ripeteva ai tribunali: «Se sono reo condannatemi pure, ma se innocente perché mi trattenete dal volare ai miei diletti diocesani?». I giudici ammutolivano, ma quando dopo altri due anni gli diedero libertà, il popolo di Foggia incontrò il suo vescovo con esultanza non mai provata. Si è sentito dire che nella ressa di popolo qualche persona n'è rimasta schiacciata e morta. Il santo confessore della fede per un favo al collo e benedetto da Pio IX morì durante il Concilio Vaticano.

Il vescovo Frascolla lasciò numerosi scritti: in età di oltre cinquanta anni tolse a studiare il tedesco per confutare i razionalisti tedeschi; si dice che studiasse dieci ore al giorno. Il suo lavoro prediletto era la traduzione rimata dei salmi con aggiunta di note storiche, ermeneutiche, di stile, con meditazione e con inno musicato alla fine d'ogni salmo. Ma ripeteva poi al chierico Guanella: «Io mi struggo, ho dovuto formarmi una grammatica sulla lingua ebraica: la stampa del manoscritto richiederebbe i tipi di Propaganda per le citazioni ebraiche, ma io non ho mezzi e poi quest'opera di mole non sarebbe compresa a questi tempi: sarà quel che Dio vuole». Il Guanella, ricordevole sempre di queste pie manifestazioni, fece pratiche con don Bosco, con Propaganda Fide, colla Tipografia Vaticana, ma fu inutile perché i parenti non vollero confidare a qualsiasi autorità i manoscritti. Che ne sarà adunque? Nipoti eredi stanno in Andria e se ne incontrarono anche a Milano. Chi riuscirà a rinvenire e riprodurre quel caro tesoro nascosto? Bontà del vescovo che il chierico Guanella gli era tanto caro e l'avrebbe condotto con sé suo segretario, ma non era facile né verosimile per scarsezza di clero nella diocesi e per una inveterata abitudine di non lasciar partire veruno per altre mansioni fuori diocesi. Nel suo modesto cuore il Guanella ebbe sempre un posto di affetto e di venerazione per lui che gli si rappresentò sempre vero confessore della fede.

Ai 26 maggio del 1866 erano gravi torbidi nella città di Como per molti avvenimenti del voluto Risorgimento d'Italia[15]. Abbondavano i garibaldini i quali si permettevano anche di entrare nelle chiese per usarvi modi profani. Il seminario si era dovuto disoccuparlo dai chierici per darlo in uso ai soldati. Gli allievi del IV corso teologico in numero di dieci compirono gli spirituali esercizii nei locali del palazzo vescovile. Ricordo come fosse oggi la imponente maestà del vescovo Frascolla ordinante, le esortazioni di fuoco dirette a tutti noi e le eterne raccomandazioni che ne fece dopo averci impresso nella fronte il bacio della pace. Anche per questo beneficio insigne della sacra Ordinazione deve essere più profondo in noi l'affetto di filiale gratitudine.

Dopo la morte del vescovo Marzorati era stata vacante per varii anni la diocesi e vi suppliva come vicario capitolare monsignor Calcaterra[16].

Ottavio Calcaterra, per molti anni vicario generale, fu invitato a più di una sede episcopale, ma soleva rispondere: «Se ancora mi parlate di vescovado io mi munirò di scarpe di ferro ai piedi e viaggerò lontano finché siano affatto sciupate». Il governo paterno ma severo, illuminato e coscienzioso del Calcaterra di Domaso si ricorda tuttogiorno con alta soddisfazione e diletto.

Articolo VIII

LA VITA DI SEMINARIO

Nella vita del seminario si possono coltivare alte le pianticelle per ornare i giardini della Chiesa e il tempio stesso del Signore. Ci si sta volontieri. In seminario costa la disciplina della regola, il peso dello studio. Anche i superiori ed i compagni sono in mano a Dio strumento di sacrificio e quindi di perfezionamento. *Ubi sunt homines, ibi miseriae*, senza eccezione di luogo o di persone, insegna il grande maestro Gersenio[1]. Non sono gravi i difetti dei superiori e degli allievi, ma appunto perché superiori ed allievi chiamati a perfezione di vita, perciò sono come l'occhio umano il quale sente dolorosamente sotto le pupille ogni granello di sabbia o frustolo qualsiasi.

Ai nostri tempi non si avevano le comodità di oggigiorno. Si aveva lo studio nei dormitori, nelle scuole le vetrate disegnate dal gelo anche per un mese intero. Coi parenti ed a passeggio, una giornata per ogni semestre.

Il Signore trae per lo più dai poveri i suoi ministri e questi Aronni in erba, privi di un soldo, scarsi di vestimenta, dotati di uno stomaco valido che non sempre possono saziare, si trovano in uno stato continuo di patimento. Ma si hanno pure le soddisfazioni nei compagni sinceri, nei compagni ameni i quali sanno condire anche per un'ora di ricreazione serale una comunità che accorre come ad un vero divertimento teatrale. Tanto sono molteplici e variate le facezie, sempre per altro garbate e serie, di un Leopoldo Martinelli, Lorenzo Ratti[2] e di altri simili.

Lo spirito gode assai in epoca degli spirituali esercizii, delle feste e novene principali dell'anno, delle prediche quaresimali in Duomo e di altri pii esercizii del seminario e fuori. Di tempo in tempo una visita del vescovo eccita alla gara di virtù e di studio. Intensivi gli ultimi mesi dell'anno per gli esami. Allora non si misurano ore di studio. Non si badano ricreazioni e passeggi, il *circulus et calamus*[3] di sant'Agostino si fa animato quando due a due gli studenti teologi passeggiano intorno ai corridoi o lunghesso i vasti cortili o sedendo sui praticelli degli stessi. Si fanno anche speciali divozioni perché l'esame finale riesca a felice esito.

Durante le vacanze estive si sa che la ricreazione del Guanella era la casa, la chiesa e qualche servizio alla campagna. Il padre Lorenzo ne guardava severo i passi. Per tutti gli anni di vacanza lo studente Guanella ricorda il viaggetto di poco più di un dì da Campodolcino valicando le Alpi fino ai padri missionari Cappuccini di Soazza[4]; un viaggetto col prevosto Della Cagnoletta[5] da Campodolcino a Splügen, Andeer, Thusis per salutare il luogo di martirio del nostro servo di Dio arciprete Nicolò Rusca[6] e ritornare colle calcagna spelate per il giro di Valle di Lei e di Angeloga[7]. Collo stesso signor prevosto si partiva a mezzodì da Campodolcino a piedi per soggiornare la sera a Traona presso il fratello e compagno don Lorenzo, coadiutore ivi. Nelle ultime vacanze si permetteva il lusso di attraversare i monti di Angeloga col sacerdote don Francesco Mascioni, cappellano di Fraciscio[8], e raccogliere dei sacchi di genziana e portarli personalmente per essere poi distillati nella vicina vernata in paese. Il Guanella viveva solo in casa per giorni e settimane intere intanto che quei di famiglia lavoravano sulle Alpi. Lo studente teologo, per scansare le brighe insieme ed economizzare, si contentava di friggere in padella una misura di farina gialla per i cosiddetti *melons* e servirsene per più giorni. Era accaloratissimo in leggere libri storici agiografici e gli sarebbe rincresciuto perdere il tempo per la misera arte culinaria.

Guidato dal cappellano Mascioni studiava botanica medicinale sul volume del Mattioli[9] e raccoglieva le erbe medicinali e le confezionava in servigio degli ammalati, ai quali non solo in presente ma anche di poi, specialmente nella cura di Savogno[10], il novello parroco somministrava medicine con giovamento dei sofferenti.

Gli premeva la cultura più razionale dei prati, dei boschi, dei pascoli e si industriava di parlarne sovente e di tenerne anche qualche specie di conferenza, pure semipersuaso di gettare invano il tempo e la fatica.

Uggiose erano le settimane autunnali e allora si disponeva per l'entrata al collegio od al seminario.

Si viveva con molta parsimonia. Venuto un fratello laico del Collegio Gallio, la famiglia fu in rammarico in servirlo troppo scarsamente perché mancava il latte per condire la minestra. Molta parsimonia si usava nel vestito. Bisognava vestire a nuovo il giovinetto Luigi per il Collegio Gallio, il fratello Tomaso portò il conto di 13 lire per compera di stoffa e gli si rispose dal papà Lorenzo: «Anche queste! Spese sopra spese». Ritornando dal collegio fu accompagnato, nottetempo buio e piovoso, da Chiavenna a Campodolcino da certo ostiere Scaramellini, e se ne fece lamento perché se ne dovette spendere per cena ed alloggio una lira. Alla festa patronale di san Rocco si cuoceva una caldaia di riso per avventori ed amici e dandone un piattello ai figli si diceva: «Oggi fate festa anche voi». E noi eravamo contenti come pasque e ci affrettavamo poi a raccogliere legna per i falò che qua e là si sarebbero accesi in onore di san Rocco.

Ma non era a dire che nella famiglia Guanella si lasciasse mancare il cibo necessario. Era frequente il motto: *Mangiate e lavorate*. E anche in anni di carestia si ripeteva: «Noi non si deve patire la fame, ma chi vuol mangiare deve lavorare», e stando dodici intorno ad un piccolo mappamondo di polenta con poca porzione di formaggio, lo si faceva scomparire in pochi momenti e poi via ai lavori. Eppure e con sì poco si era contenti, sani e robusti da far invidia ai gentili signori che qualche volta visitavano i nostri monti. Papà Lorenzo contava: «Il busto di san Giuseppe che è dipinto nel presbiterio della nostra chiesa è precisamente il volto del nostro Carlo Gilardi che soggiornava per lo più al monte in alto. Aveva 120 anni[11] e fu invitato a discendere a Campodolcino perché certi signori chiavennaschi lo volevano vedere. Ai quali rispose il vecchio Carlo: Io mangio polenta anche tre volte al giorno ma condita generalmente di un po' di burro e formaggio; ho avuto cura di tener difese le estremità del corpo da freddo e umidità e non ho avuto malattie mai o quasi mai. Ed or che mi avete veduto ritorno al mio monte per quasi due ore di salita». Conchiudeva papà Lorenzo: «Avete capita la lezione?...». Ma ai nostri giorni si stenta a capirla e si decanta poi la miseria. Ci raccontava ancor questa: che certi signori, non potendo proseguire il viaggio da Pianazzo a Campodolcino per altissime nevi cadute, furono invitati alla minestra di quei montanari e ne mostrarono schifo. Ma ad ora tarda del mattino domandarono: «Avreste per caso un po' di quella robaccia di iersera?» e conchiudeva che la fame e l'appetito sono il miglior condimento.

Anche allora si viveva e non si conoscevano molte miserie. Giovinetto, ricordo benissimo che alla piazza delle Corti, dei Tini, degli Asèe, i vetturini stanchi abbandonavano lì i colli di seta con sopra dei sacchetti pieni di lire austriache, dazio e tasse che Italia pagava a Vienna, e nessuno si sarebbe sognato di toccare. Ricordo la voce dell'avolo paterno Tomaso che ripeteva: «Bisogna aver coscienza in tutto e salvar l'anima». Il figlio Lorenzo, per tanti anni maggiorente del paese, come si è detto, aggiustava le pendenze ed i guai nel paese con queste due parole: «Bisogna avere coscienza».

E la coscienza di oggidì è molta? Dicono che si trova nascosta in qualche fessura di casolare. E non erano i nostri buoni vecchi scarsi di buon senso e di ingegno. Bisognava sentirli a gruppi di tre o quattro nelle loro conversazioni familiari, negli scherzi, nei motti, negli indovinelli loro. Si godeva un mondo e si sarebbe detto che questi semplici patriarchi spendevano le ore di giorno e di notte a studiare le barzellette più saporite, che poi si tramandavano anche da una generazione all'altra. Una spiritosità bastava a classificare un uomo.

E voi altri del secolo XX del progresso? Sapete mettere innanzi criteri equali o maggiori? In argomento di cui sopra, i presenti ricordano la squisitezza dei parlari scherzosi del sindaco Guanella, del segretario Gadola e dello Sterlocchi Guglielmo, genero del Guanella, e di più altri. Allora si diceva: «L'annusare tabacco è da uomo, il fumarlo è da bellimbusto». Ricordo un omaccione quadrato di Prestone che per il primo introdusse il fumo e si chiamò tosto *il Pipantel*, e ancora adesso non si ricorda la sua persona che con questo sopranome. Tanto si è voluto accennare perché almeno dagli ultimi superstiti si ricordi il carattere di semplicità e di forza di tempi che furono.

Articolo IX

CANONICO TEOLOGO A PROSTO
E COSIDDETTO CURATO A SAVOGNO

Il direttore spirituale Gaudenzio Bianchi, suo fratello uterino Lorenzo, che fu qualche anno canonico a Prosto, e con esso il mio antico maestro elementare Antonio Buzzetti, conoscevano intimamente le condizioni mie e della famiglia ed erano pure informati delle condizioni e del desiderio del reverendissimo arciprete vicario foraneo di Prosto[1] di aversi uno intestato nel beneficio vacante. Sospetto che per opera di essi un giorno mi si disse dai superiori del seminario: «Voi sarete investito del beneficio teologale di Prosto per adire agli ordini sacri». Risposi con un accento di gratitudine, quasi per dire: «Eccomi servo fedele».

Nelle vacanze seguenti cominciai in ogni domenica le spiegazioni del santo Vangelo al popolo, di catechismo ai ragazzi e via via fino alla prima Messa che fu al *Corpus Domini* 1866[2] nella stessa chiesa collegiata.

Terminate le funzioni vespertine, bramava ritornare in famiglia e rifaceva a piedi quasi 20 chilometri e quando per caso giungeva ad ora un po' tarda il "Signor Canonico teologo" prendeva alloggio, per non disturbare quei di famiglia, nell'albergo *Fenarolo*, il fienile presso la casa.

La prima Messa venne celebrata con un giubilo del popolo e con patriarcale ospitalità del reverendissimo arciprete che era da lunghi anni non solamente padre e pastore, ma pontefice e re nella giurisdizione del suo vicariato ed anche fuori. Ricordo che papà Lorenzo mandava a suo tempo un sacco di scelte patate, piccolo segno di molta sua gratitudine. Intanto il don Luigi iniziava la sua carriera sacerdotale e ricordo che presso gli ammalati poveri portava il meglio che poteva, assistendoli con pietoso affetto. Nella stagione invernale iniziava la scuola serale ai giovanetti ed agli adulti, cominciando dal servire la santa Messa e dall'accompagnare le funzioni corali. Ma era irrequieto, non vedeva che lavoro sopra lavoro, e questo non concordava affatto con il carattere serio e pacato del signor arciprete. In questo primo anno il canonico teologo, ottenuto un posto di ricovero ad un giovinetto scemo del luogo, cominciò il suo primo viaggio a Torino, che fu poi susseguito da due o tre viaggi altri in ogni anno finché egli stesso si ridusse a stare, benché provvisoriamente, presso don Bosco e d'accanto al Cottolengo[3].

Era rimasta vacante la parrocchia di Savogno e un giorno certo Pasquale Succetti viene a dire: «So che lei è destinato per Savogno: mi è nato ieri un figlio e se venisse a battezzarlo domani avrei caro». Risposi: «Servo fedele, benché io nulla ne sappia» e allo indomani mi trovai alla nuova sede[4]. Non ebbi comodità di salutare il signor arciprete perché in ora pomeridiana si stava riposando. All'indomani il sacerdote don Carlo Saffratti[5], di Santa Croce, sottentrava negli uffici del don Guanella.

La collegiata di Prosto si dice insigne per la sua antichità e per essersi dotata di preziosissimi arredi e delle armoniche campane di San Cassiano dopo la soppressione di quella ricchissima borgata, sommersa nel 1618[6]. In Prosto è il magnifico palazzo Vertemate[7], unico palazzo di villeggiatura e unico ricordo di quella memorabile rovina. Lo scrittore Crollalanza recentemente descrive le cose nella *Storia del contado di Chiavenna*[8], storia che il cosiddetto curato di Savogno spiegava nella conferenza e scuola invernale a quei docili parrocchiani.

Il don Guanella a Savogno cominciò a fare da manuale, da imbiancatore e un po' anche da muratore e ridusse come meglio seppe la casa parrocchiale, e si diceva: «Che farà l'operosità di questo curato?». Diede mano ad ingrandire la chiesa, ad innalzare muraglioni da torre per sostenere il piazzale. Diede mano allo scavo di *piottini*[9] in tal luogo pericoloso per cui ne fu garrito dal signor sindaco Del Curto per incarico della prefettura. Il don Guanella rispose: «Niente avvenne di male e molto di bene a me ed alla chiesa, ed ora perché inquietarsi?».

Diede pur mano a nuova costruzione del cimitero e ne assunse l'appalto. Voleva poi far presto. Tolse poi gli uomini fedeli e condottili sopra certo luogo disse: «Muovete questi pochi macigni e ne scenderà in basso quantità di sassi sufficienti per il cimitero». Un certo Pescialli ebbe qualche pianta di noce scossa, ma la cosa fu subito accomodata. Venne il 20 gennaio e don Guanella predicava san Sebastiano in parrocchia di Villa[10] e cominciò a nevicare; tosto si affrettò a Savogno e dato mano alla campana tirò giù, e fino a mezza notte si lavorò per disporre la via a condurre i sassi per il nuovo cimitero. I parrocchiani rimasero trasognati ma poi furono contenti di un cimitero vasto, ornato di passaggi per farvi la *Via Crucis* e di strade esteriori con boschetti per eseguirvi le sacre processioni. L'ingegnere progettante conchiuse: «Il signor curato volle far tutto di suo capriccio mutando luogo e disegno», ma del manufatto nessuno fu sorpreso e ognuno solamente soddisfatto.

Con questo sistema *corri corri* ordinò locali per la scuola, tettoie per il lavatoio, cappelle varie per le processioni di Rogazioni e giunse sino alla sommità del valico ai Grigioni per assodarvi una cappella di voto e di riparo. Questo nello spazio di sette anni, ricco il don Guanella della povertà massima dei suoi parrocchiani, ma indomito nei suoi progetti e confidente nell'aiuto della divina Provvidenza che vedeva favorirlo. Non conosceva difficoltà.

Non ometteva lo studio e diede alla stampa nel 1872 il libretto *Saggio di ammonimenti famigliari per tutti ma più particolarmente per il popolo di campagna*, che per venti anni gli procacciò avversità continuate nell'ordine civile ed ecclesiastico[11]. Gli pareva impossibile al don Guanella di tacere la verità e non la tacque mai né in chiesa né fuori, e di qui le malevolenze, le minacce e le sorveglianze politiche. Gli amici gli scrivevano: «Fatti uccello di bosco nella vicina Svizzera», ma egli continuò imperterrito l'ufficio e l'indirizzo suo e ne scampò sempre. Le vie oblique e le timidità non le conobbe mai.

Tolse a favorire la pietà ed i santi Sacramenti, e si diceva: «Circondate di mura Savogno e ne avrete un convento». Il popolo non si stancava alla chiesa, alle funzioni, ai discorsi ed alle meditazioni di due volte nei giorni feriali, di più volte nei giorni festivi. Buon numero di giovani fanciulle furono allogate con tanto loro profitto spirituale nelle congregazioni di don Bosco e del Cottolengo ed alcuni giovanetti avviati per gli studi, benché per salute non vi riuscissero. Accompagnava fin sette in un viaggio le postulanti di più paesi al Cottolengo. Alcuni ne mormoravano, ma il don Guanella tirava diritto. *Il Libero Alpigiano*[12], giornale famigerato di Chiavenna, scriveva articoli finché certo canonico... fé tacere il giornale dicendo: «Tu che per l'aiuto dei preti compiesti studi e tu che or dovresti esser prete di lavoro, non ti vergogni tu di perseguire un prete che non ha in cuore altro che di fare il bene?».

Nelle parrocchie del mandamento, se ancora era uomo o donna scarsi di mente o come che sia bisognosi di ricovero, il curato di Savogno si prestava a tutti e provvedeva per l'accompagnamento, onde due o tre volte in ogni anno accompagnava suoi poveri al Cottolengo e ne profittava per fare più intima conoscenza di quel miracolo di Piccola Casa della Divina Provvidenza che Pio IX stesso salutò «Piccola città di santi»[13].

In uno di questi viaggi, sotto a Pianello Lario il don Guanella s'incontrò con don Leone Ostinelli[14] e col parroco Carlo Coppini[15]. Fu la prima e l'ultima volta e non si pensava allora che morendo il don Carlo Coppini nel prossimo 1881 gli sarebbe poi successo don Guanella nella cura della parrocchia e nell'ospizio di orfanelle da lui fondato.

Si lamentava in quei tempi la scarsezza di clero e don Guanella, pensando che da Campodolcino si potevano fare reclute di studenti, fece pratica per una scuola privata nel palazzo di cappellania alle Corti e più tardi a Chiavenna, dove si sarebbe impiegato il frutto di una pendenza al cosiddetto *Pozzo Pasquée* in Samolaco[16], ma non se ne fece poi niente: il progresso liberalesco prendeva possesso e impediva i passi nostri. Il curato di Savogno seguiva i passi del canonico Callisto Grandi nell'impianto della prima Società cattolica in Italia a Chiavenna[17]. Ma difficilmente attecchiva l'indirizzo del curato di Savogno perché lo si diceva eccessivamente spinto. Venne la legge dell'incameramento dei beni delle fabbricerie[18]. Parecchie famiglie di Savogno e la chiesa stessa sarebbero state rovinate. Il curato maneggiò certi documenti ed ottenne dal Ministero la restituzione dei beni venduti[19]; l'agente delle tasse fu traslocato per abusi scoperti. La mamma di lui morì poi alcuni anni fa ricoverata nella Casa della Provvidenza in Como. La restituzione dei beni in discorso fu un compenso per i tanti lavori che i buoni savognesi avevano compiuti in pro della buona causa.

Gli pareva al Guanella d'aver compiuto l'ufficio suo in Savogno, e doveva essere nominato per volere del popolo e con intervento prefettizio alla parrocchia di Caspano, alla quale aveva concorso come alla parrocchia di Torre[20]; ma in alto si consigliò il don Guanella di rinunciare a Caspano, che sarebbe eletto a Torre e ubbidì, ma l'effetto fu di non essere nominato né al primo né al secondo posto.

Così sia, e don Guanella pose pratica per chiamare don Bosco ad una fondazione collegiale nella diocesi di Como. A tale scopo intraprese più viaggi, fino che da don Bosco stesso ottenuto certo sacerdote Sala[21] che lo surrogasse in Savogno, don Guanella ottenne di aggregarsi a don Bosco e di rimanervi per un triennio. Il curato di Savogno aveva con sé la sorella Caterina, ora serva di Dio, che in Savogno godeva alto credito di virtù. Il curato dunque partiva per Torino e la sorella rientrava nella famiglia del padre in Campodolcino. Fu un rincrescimento come alla morte di persone carissime, ma si sapeva che don Luigi Guanella non si sarebbe ripiegato, e si rassegnarono alla penosa dipartita.

Come si spiega questa risoluzione così decisa di don Guanella? I parrocchiani gli erano affezionati e docili e sapeva di poter continuare fra essi a fare del bene. Nella sorella aveva un angelo di buon esempio. I confratelli parroci non sapevano darsene ragione e lui don Guanella impassibile in affidare la casa, la parrocchia e per poco la coscienza propria ad uno sconosciuto o giù di lì che di moto proprio e con qualche festa volle personalmente insediare al posto proprio. Questo per lo meno sapeva dello strano. Il curato fra altro rispondeva a' suoi: «Che volete? Quando anni fa il bruco rodeva i castagni, abbiamo fatto voto ed eretto la bella figura del Sacro Cuore alla Stufa dell'Andrea e il bruco immantinente si arrestò. Io potrei divenire come quel bruco dimorando più a lungo ed or facciamo voto al Sacro Cuore che tutti ci benedica. Sento in me che la divina Provvidenza mi chiama a Torino e sarà quel che Dio vuole. Io spero in bene. Addio tutti», e partì insalutato ospite per non dar noia a sé ed agli altri. Ai *crotti*[22] fu forzato a bere *il bicchiere della staffa* presso il vecchio Clara ed a Prosto ed a Chiavenna lasciò un saluto che riuscì fredduccio perché non credevano alla fortuna di questa partenza.

Veramente all'occhio comune quest'originale di curato di Savogno manifestava sentimenti e compieva opere solo solo, che non potevano essere intese. Che fare? Al solito il don Guanella si consigliava con Dio nella coscienza propria e addio tutti con piena semplicità e con franchezza di cuore.

Articolo X

DON GUANELLA PRESSO DON BOSCO

Una sera del gennaio 1875[1] don Guanella s'inchinava per baciare la destra di don Bosco dopo aver terminato la conferenza nella quale coi suoi sacerdoti del Consiglio superiore aveva conchiuso di andare in America; mi salutò dunque dicendomi: «Andiamo in America?». Poco dopo comparve coi suoi sul palcoscenico e cominciò a dire: «Andiamo in America», ed espose diffusamente la cosa. Allo indomani don Bosco incaricava don Guanella a scrivere le comunicazioni per l'apertura del Collegio di San Nicolás de los Arroyos[2] nella Repubblica Argentina.

Il neo-arrivato poco a poco si immetteva negli uffici della Casa e in qualche predicazione di Maria Ausiliatrice e nei catechismi ai giovani esterni, per lo più operai che frequentavano l'Oratorio di San Francesco di Sales[3]. Causa un malinteso accadde che una sera fosse lasciato solo con una turba di cento giovinastri discoli, taluno dei quali uscendo e rientrando in chiesa scherzavano con il catechista facendo ai fianchi pallottole di neve. Don Guanella tollerò per un poco e poi scacciò come un giorno nostro Signore violentemente gli insolenti dal tempio. Don Bosco sentita la spiritosità destinò don Guanella alla direzione dell'Oratorio festivo di San Luigi[4] al di là di Porta Nuova. Erano trecento e più giovanotti. Coadiuvavano al catechismo il celebre conte Viancini, il marchese Scarampi, i conti fratelli Balbo[5] e più altri. Il giorno festivo si passava là da mane a sera entro vasti locali a modo di tettoia con vasti cortili. Ivi dopo la lotta di 14 anni a costringere per legge una piccola striscia di terreno, sorse poi il vasto collegio e la chiesa che volle dedicata a san Giovanni evangelista[6] che fu il primo a combattere il primo eretico Cerinto. Si sa che a fianco avevano eretto per concessione di Cavour un vasto tempio gli eretici valdesi. Il don Guanella era pure coadiuvato da chierici dell'Oratorio e si dispensavano i santi Sacramenti e predicazioni e catechismi; una volta all'anno si facevano passeggiate per una giornata intera, e per una volta al mese si facevano l'incanto di giocattoli ed abiti nei quali gli allievi facevano a gara nel vendere le cartelle avute in premio di frequenza e di profitto all'Oratorio.

Lungo la settimana al don Guanella si affidavano tridui di predicazioni e talvolta corsi di missioni ed esercizii varii nei diversi istituti della città. Don Guanella era ansioso di ascoltare i quaresimali del celebre Nasi, del Wenck e dei fratelli Scotton a San Filippo[7]. Venuto il maggio gli fu assegnata la predicazione quotidiana mariana della parrocchia di Alassio, dove don Bosco aveva aperto collegio. Il prevosto Della Valle[8] scriveva poi a don Bosco: «Il don Guanella si prepari ancora un poco e sarà un oratore discreto per chiarezza di dire».

Nel novembre seguente si doveva aprire Casa e scuole a Trinità di Mondovì e vi fu assegnato direttore il Guanella[9]. Anche qui gli fu assegnata la predicazione quaresimale nella parrocchia ed ottenne che si sospendessero di fronte alla stessa le rappresentazioni parodiache della beata Paola Gambara di Bene Vagienna[10], a breve distanza ivi e patria del cardinale Oreglia di Santo Stefano, creato da Pio IX nel decorso anno[11]. In questo affare il don Guanella trovò pieghevole il signor arciprete, il signor sindaco cavalier Braida, il signor assessore generale Marro[12]. Così il don Guanella si faceva popolare.

Per insinuazione di don Bosco il Guanella si era risolto di legarsi alla congregazione per un triennio. Lo stesso don Bosco invitava compagno a don Giovanni Cagliero il don Guanella per una missione a Santo Domingo[13], dove a don Bosco si offeriva la direzione della Cattedrale e di un Istituto universitario, ma don Guanella rispondeva: «Reputo grandissima fortuna essere venuto con don Bosco, ma il mio cuore sentirebbe un vuoto per tutta la vita, perché non parrà vero ma continua in me il pensiero di fabbricare qualche *ciabotto*[14] in patria mia» (*ciabotti* chiamava don Bosco le sue fondazioni).

La bontà di don Bosco degnava di associarsi don Guanella in qualche visita delle sue Case ed esprimeva qualche suo progetto.

Fu caso o Provvidenza che don Guanella chiarisse nella mente di don Bosco due opere che furono poi tanto vantaggiose nella congregazione: l'opera cioè dei Cooperatori salesiani per opera del suo *Bollettino Salesiano*[15]; l'Opera di Maria Ausiliatrice per la vocazione degli adulti allo stato ecclesiastico[16]. Don Bosco volle poi costituire lo stesso Guanella primo direttore[17] di questa seconda opera, benché l'opera tardasse poi a penetrare nella mente e nel cuore anche dei primi discepoli dello stesso don Bosco. Ripeteva poi a tutti in generale, ed a don Cagliero in particolare, perché per il primo doveva servirsi di queste vocazioni improvvisate: «*Infirma mundi elegit Deus*[18]: questi che ti accompagno saranno fedeli». In questo frattempo insinuava pure nei suoi il *sistema preventivo* per la educazione della gioventù.

Piaceva pure a don Bosco affidare la compagnia di certi giovani ed adulti di difficile contenitura. Fra questi fu il carissimo Domenico Montebugnoli, morto pochi anni fa nella nostra Casa di Fratta Polesine[19]. Qualche giovane ravveduto dal servizio prestato alla framassoneria era riuscito a trafugare sino a Marsiglia, ma scoperto anche colà fu tradotto al castigo in Italia.

Il don Guanella nelle Case di don Bosco evitava più facilmente gli strapazzi ed i sudori e quindi le malattie alle tonsille che quasi ogni anno lo travagliavano, anche con pericolo della vita, sui monti alpestri di Savogno. Aveva poi l'esempio di tante virtù e la direzione di coscienza di don Bosco che faceva sì gran bene a tutti. Il cuore di don Bosco era calamita che traeva, e la sua parola parca e misurata spandeva bagliori di luce nella mente. Sia eterna la gratitudine a don Bosco ed alle Case sue. Ma scadeva il tempo dei voti triennali.

Monsignor Carsana vescovo di Como pressava al ritorno e don Guanella si sentiva di dover ubbidire. Richiamò da casa paterna 30 lire e con questa sommetta cominciò il viaggio da Torino a Como col pensiero di fondare un *ciabotto*, che poi nella direzione della divina Provvidenza divenne la Casa della Divina Provvidenza servita da due congregazioni, benché minime, ed estese grazie al Signore in molte parti d'Italia, nella Svizzera e negli Stati Uniti d'America nel percorso di meno di trent'anni. Confidava poi il Guanella non aver patito tanto alla morte del padre e della madre, che a così dire gli morirono ambedue nelle braccia, quanto a lasciare don Bosco, che gli cagionò così vivo strappo al cuore. Il don Guanella si era fidato alla benignità della divina Provvidenza in passare da Savogno a Torino, ed alla medesima divina Provvidenza si affidò nel ritorno da Torino a Como e poi a Traona, nella provincia di Sondrio.

Da Torino partì come un cane schiaffeggiato dalla chiesa: ed ora che farà questo cane miserevole? A Como si diceva che il don Guanella era un mezzo matto e si ripeteva la frase con grande facilità per parecchi anni successivi. «Chi è costui? – ripeteva un prevosto di San Donnino[20] – Certo gli è un santo od un matto, ma tu dici: di santità non se ne veggono, dunque sarà un matto».

A Traona l'arciprete plebano Bellieni[21] era stato colpito da paralisi. Il sacerdote Michele Sala aveva mutato parere di lasciare Savogno, e allora il Superiore diocesano concluse: «Niente di meglio per mandare il don Guanella cappellano a Traona», ripetendogli il vescovo: «Colassù, come ben sapete, avete case e conventi disusati per quelle fondazioni che sento dire avere voi fisse nell'anima, ma guardate poi che non siano fantasie di cervello caldo e illusioni funeste. Provate per vostro conto che io vi benedico». Il don Guanella credeva avere omai la Provvidenza in tasca e partì tranquillo alla volta di Traona. Nel ritorno da Torino ripassò pel Lago Maggiore in visita al cugino don Lorenzo Trussoni, parroco di Caravate, il quale gli presentò l'antico convento che poi di questi ultimi anni passò nelle mani dei religiosi Passionisti[22] per operarvi gran bene in pro delle anime.

Protrasse poi il cammino per salutare la mamma ed i fratelli a Campodolcino e caricato il suo letticciuolo, probabilmente quello del seminario, tenne nascosta a tutti la sua povertà e col piccolo resto delle sue 30 lire avute a Torino ritornò a Traona per mettere le basi di quelle fondazioni che sarebbero state nel volere di Dio.

Articolo XI

INIZII FALLITI

A Traona il don Guanella trovò tutte le difficoltà che avrebbero scoraggiato molti cuori di buona volontà, ma egli non disperò mai. Era manifestamente contrario l'arciprete, il quale ristoratosi alquanto di tempo in tempo impiegava le forze riavute per recarsi alla prefettura di Sondrio e deporre ai danni di don Guanella ch'egli reputava suo avversario e ribelle. Soffriva malamente che don Guanella tirasse a sé nei giorni feriali e festivi parecchi fanciulli e giovani per l'insegnamento del catechismo nell'oratorio, di scuole feriali, quotidiane diurne, serali e festive nella propria casa, nelle quali aiutavano un chierico teologo Carlo Cima, un giovane di Trinità, Giovanni Battista Ferrua[1], ed il citato Domenico Montebugnoli. Pareva al signor arciprete che l'oratorio fosse troppo affollato di giovani nella solennità di Ognissanti, in cui il don Guanella ignorò che si dovesse sospendere *ratione solemnitatis*; il signor arciprete giudicò sinistramente l'atto e sceso dal pulpito disturbò le funzioni, onde il popolo sorpreso si sparse in gruppi sul piazzale, intanto che il don Guanella recavasi al monastero per le funzioni dei morti[2]. Anche questo gravò i sinistri pregiudizi delle autorità civili e prefettizie. Le autorità comunali cercavano in parte di valersene per tradurre nelle insidie il don Guanella.

Nel secondo anno predicava il quaresimale quotidiano nella chiesa maggiore di Morbegno e la prefettura ingiungeva a due carabinieri e al signor Delegato di questura perché in ogni giorno presenziassero per *caperlo in sermone*[3] e condannare l'avverso sacerdote, il quale era venuto con progetti oscurantisti dalla scuola di don Bosco e avrebbe riempita la provincia di frati e monache aborrite. Il signor arciprete al secondo anno pensò di ritirarsi in patria sua e lasciar libero il campo a don Guanella che governò per qualche tempo come cappellano e come arciprete.

Le autorità provinciali tentarono di vincere il Guanella colla fame. Come arciprete e cappellano dovette ricorrere al Consiglio di Stato per far conoscere le sue ragioni, ma di denaro per vivere non ebbe che 13 lire annue e per tre anni 40 lire. La veneranda Curia fece sapere a don Guanella che si ritraesse pure se credeva non poter reggere, e non fece altro.

Le difficoltà, anziché avvilire, incoraggiavano il don Guanella, il quale colle mani vuote di denaro comperò il convento di San Francesco[4] dal Comune e a suo tempo si poté dare il saldo in 3000 lire. La divina Provvidenza soccorreva dì per dì. Si fecero anche dei restauri considerevoli al convento ed alla chiesa e la divina Provvidenza pensava, onde si poté iniziare un collegio di classi elementari per qualche dozzina di giovanetti che accorrevano contenti e festosi dai paesi vicini. L'attecchire del piccolo collegio suonò in alto come un pericolo e, tolto pretesto che nel secondo anno si era aperto senza notificarlo alla Superiorità, mandarono ordine di chiusura immediata con minaccia di multe e pene severe.

Il don Guanella aveva chiamato alla reggenza della parrocchia il collega di studi don Nicola Silvestri, che lasciò la parrocchia di Baruffini sopra Tirano per venire a Traona e aiutare l'opera nascente. Il prevosto di Sacco sopra Morbegno, altro compagno di seminario[5], si univa. Di tempo in tempo si raccoglieva il consiglio dei tre ma con poco frutto, perché studiata la cosa per un lato non si trovava uscita. Il don Guanella, terminato il quaresimale di Morbegno, si recò a predicare il mese mariano a Santa Maria Incoronata a Milano e poi il mese del Sacro Cuore in Santa Maria alla Fontana[6]. Intanto non aveva posa in cercare appoggi per risalire a cavallo della sua opera diletta in Traona. Il celebre avvocato Brasca, compagno di studio al prefetto di Sondrio, allora segretario a Depretis in Roma[7], si interpose in favore della causa Guanella. Ma il prefetto infuriava al solo accennarmi e dovette il paziente Brasca ritornare alla terza serata e poter semplicemente dire che se la curia di Como volesse dare al Guanella una cura di anime sopra un pizzo di monte, dove non potesse esercitare pericolose influenze, l'ufficio prefettizio avrebbe posto appoggio.

Fu scelto Olmo, sopra Chiavenna, e là vi si portava il don Guanella nel mese di agosto[8], ma raggiunto da notte tarda e trovando chiusa anche la canonica del collega prevosto Costante Tabacchi, il povero "Canonico teologo" fondatore fallito dormì saporito la notte sopra un muricciolo a ridosso della chiesa parrocchiale[9]. All'indomani salì per oltre un'ora il sentiero doloroso del monte ed ivi dimorò alcuni mesi nella cura spirituale di Olmo ed anche della parrocchia vicina di San Bernardo. Pareva a don Guanella che le sue sollecitudini potessero essere considerate dalla Superiorità ecclesiastica, ma dal vicario generale Armandolini si ebbe questa osservazione: «Non sapete che la calma è la prima virtù?». Ed il vescovo Carsana gli disse in casa parrocchiale di Campodolcino: «Non posso sospendervi perché non ho argomento, ma il farei se potessi». Don Guanella vistosi ricevuto in udienza per ultimo e sentirsi rimproverare in paese suo, quasi in casa sua, mentre era accorso per ossequiare il Superiore da Olmo a Campodolcino, si sentì amareggiato e ne parlò al fratello Tomaso con rincrescimento e tutto e tosto finì lì.

Il povero don Guanella aveva detto verità e dedicatele all'ingresso di monsignor Carsana nel suo libretto *Ammonimenti* e perciò il Carsana scrisse all'autore lettere di congratulazione, ma le voci che si facevano correre erano che il don Guanella con quel libro era stato causa di sospensione per anni parecchi del *placet* governativo al vescovo. Queste dicerie e il fatto della caduta dell'opera di Traona confermavano l'opinione pubblica che il don Guanella era un esaltato, e doversene guardare da ognuno.

In questo stato di cose devo grazie al mio parente Lorenzo Buzzetti, allora arciprete di Gravedona, il quale parlò così: «Mi provo a tenerti come coadiutore nella speranza che tu mi serva per tutta la vita». Rispose don Guanella: «Caro don *padrino*[10], questo non mi sento di prometterlo», e si limitò al servizio di alcuni mesi.

A Gravedona corse voce che al 1° di luglio era morto il parroco Carlo Coppini lasciando orfano l'ospizio di orfanelle con la direzione di pie donne, messo assieme da lui dieci anni prima, nel 1872[11]. A don Guanella passò un pensiero chiaro nella mente che gli pareva ripetere: «Tu ne sarai il successore». Si parlava del Coppini come di un sacerdote intemerato e come d'un esemplarissimo parroco. Per gratitudine al fondatore ed all'Ospizio, il Servo della Carità Leonardo Mazzucchi ne tessé la vita in un bel volumetto illustrato[12].

Ma al don Guanella era riservato il picco di Olmo perché non potesse ivi esercitare pericolose influenze, e vi si recò, come si è detto, e vi passò pochi mesi in studi teologici, in solitudine e anche in preghiere, perché ne sentiva vivo il bisogno e vedeva approssimarsi la figura timida dello scoraggiamento. Fu in questo spirito meno buono che il don Guanella pensava: «I miei confratelli e gli stessi miei scolari compiono imprese belle a gloria di Dio e delle anime in Europa e fuori, ed io qui?». Era persuaso che don Bosco lo avrebbe riaccettato, ma che la voce del cuore avrebbe resistito ancora all'invito amorevole di quel santo. Scrisse dunque in senso mesto di colui che diceva: «*Tota nocte laborantes nihil cepimus*»[13], e il Capitolo generale di don Bosco raccolto in Alassio rispose che sì, ma fosse poi per essere perseverante[14]. E la perseveranza non si sarebbe sentito di averla e allora si chiuse nella mestizia del suo cuore, non senza ricevere dal cielo un barlume di luce sul suo avvenire. E l'avvenire per don Guanella fu proprio il luogo di Pianello Lario.

Articolo XII

DA PIANELLO A COMO

Pianello Lario è descritto nella vita del Coppini come si è detto. Un giorno capitò al Guanella invito, non so se diretto o indiretto, dal vescovo perché si recasse al concorso per Pianello Lario e vi andò, ma colla condizione che non si sarebbe investito della parrocchia perché non si sentiva di continuare l'opera sua semplicemente nel circolo di una parrocchia. Da Roma venne la nomina e il vescovo ne pagò le spese, ma il Guanella fermo nel sostenere: «Servirò la parrocchia ma come semplice amministratore» e diceva a sé: «Per essere più sollecito a scuotere le ali appena scocchi l'ora della misericordia».

Il Guanella, non so se nei viaggi da chierico o da neosacerdote, ricorda benissimo che solcando sul battello tra Dervio ed Olgiasca guardò là la chiesa di Pianello, che egli non distingueva, e gli parve apparire non so qual luce di mente e qual movimento di cuore che gli pareva dire: «Guarda là perché in quel luogo avrai lavoro e soddisfazione soave». Un dolce soave quasi di un zuccherino gli passava in cuore per brevissimo momento e poi tutto fu finito. Il collega di Domaso, prevosto Valenti[1], scrisse ad Olmo: «Sento che tu sei assegnato per Pianello. Ritieni per domestica Martina[2], l'antica serva del compianto don Carlo Coppini. In parrocchia e in casa Felolo tengo la sorella di lei Anna Maria che è di molta soddisfazione». L'invito fu accettato e don Guanella da Olmo ripassò a Traona per qualche tempo finché venuto il giorno della partenza si affrettò fino a mezzogiorno per visitare qualche ammalato, per salutare qualche amico ed il collega Silvestri, di poi si mangiò un boccone e poi giù a caricare il povero letto di cui si è parlato e pochi mobili sulla carrettella, e via solo solo sino a Pianello Lario.

Erasi in novembre[3], alle 11 di sera e non si trovava modo di svegliare i dormienti dal primo sonno, finché il padre Mario Bosatta, ex francescano, vecchio ottuagenario[4], discese dalla sua casetta e levata una pietra di copertura del muro ivi, con questa batté così furiosamente che la vecchia Martina di soprassalto corse ad aprire. Alle 11 dell'indomani interrogò: «Che vuole da pranzo, signor curato?».

«Quello che eravate usa disporre per il compianto Coppini». Al mezzodì vuotava nel tagliere in cucina un'allegra polenta con un po' di formaggio. Era il pranzo d'ingresso del nuovo parroco. Nonostante, vennero a far visita il signor sindaco Giovanni Rocca, detto *Giovanella*, il signor assessore Giuseppe Mazzucchi, il signor prevosto viciniore di Musso[5], ai quali il don Guanella porse invito alla solennità del primo pranzo e così passò la prima giornata.

Nella casa parrocchiale non era una tavola per scrivere. Il nostro amico Domenico Montebugnoli con quattro pali di vite alzò una scrivania e con quattro pezzi di una piccola trave spaccata un seggiolone che poi al Guanella servì per sette anni a scrivervi sopra le operazioni di uffici parrocchiali e insieme almeno una quarantina di libretti storici agiografici, tra i quali tre volumi *Da Adamo a Pio IX* in cento bozzetti storici filosofici[6].

I commenti che si facevano in paese erano varii, perché era precorsa la voce di un prete montanaro di mente calda, ed essere meglio starne in attenzione e per intanto guardarlo più da lontano che da vicino. Poco su poco giù, questa era anche l'aria immessa anche da pio e santo sacerdote compagno di studio al Guanella e amicissimo di don Carlo Coppini. Il signor prevosto di Musso si diceva protettore e direttore e fu lui che per la prima volta introdusse il Guanella nell'Ospizio. A don Guanella quella visita non fece né caldo né freddo e si diportò passivamente per mesi parecchi, finché dopo la Pasqua la superiora di esso Marcellina Bosatta[7] espose semplicemente: «Se credesse visitarci e tenere qualche conferenza, noi vedremmo volontieri». Il don Guanella mai disapprovò la prudenza di quella pia donna, la quale poi se ne scusava dicendo: «Io era insinuata così da persone che circondavano me e l'Ospizio». E don Guanella alla sua volta cominciò e continuò le cure sue con prudenza pari, evitando con chicchessia ogni dispiacere di malintesi, indifferente a quanto la divina Provvidenza sarebbe stata per disporre in seguito.

Intanto l'orario giornaliero di don Guanella era pressapoco il seguente: levata all'*Ave Maria*, che è sempre per tempissimo per dar luogo ai filandieri ed alle filandiere in maggior numero di ascoltare la santa Messa, di accostarsi ai santi Sacramenti avanti l'apertura dei lavori serici. Santa Messa e meditazione per conto proprio, più o meno della durata di mezz'ora, perché si credeva far valere lo studio e le occupazioni di ministero per supplire per il complemento di maggior tempo di meditazione strettamente metodica. Si sedeva a studio di lettura e scritturazione sulla famosa sedia, ora in piedi, ora seduto, ora in ginocchio fermando collo stomaco la famosa scrivania che scricchiolava sempre. Dopo il breve desinare si facevano le visite agli ammalati insieme alle visite pastorali alle famiglie secondo le circostanze, ma dall'una alle due pomeridiane bisognava essere pronti per le Confessioni alle operaie, per il catechismo ai fanciulli per tutta la Quaresima. Si ritornava allo studio fino alla recita del Rosario in chiesa, dopo il quale seguiva la cenuncola, dopo la quale scuola serale agli adulti, senza segnare le ore di durata. Nei giorni festivi poi cresceva il lavoro di Confessioni e si faceva per lo meno sette fervorini ai confratelli, spiegazione del Vangelo, catechismo ai fanciulli e al popolo, conferenza alle Figlie di Maria, ai Terziari, all'Ospizio, il Rosario con fervorino nella parrocchiale alla sera e infine scuola serale festiva come sopra. Nelle stagioni più facili si aggiungevano divertimenti e passeggiate per i fanciulli dell'oratorio festivo. Nei ritagli di tempo scritturazione di qualche pagina per i libretti in corso di stampa, come si è detto sopra. E fu una provvidenza, perché il don Guanella era sempre come un pesce fuori acqua e ancora quando leggeva il periodico salesiano sentivasi ripetere: «I salesiani percorrono il mondo in benedizione, e tu?», e provava poi di soffocare i suoi pensieri in una azione intensiva. Per qualche tempo, oltre la parrocchia di Pianello, amministrava quella di Musso, faceva predicazioni quaresimali a Morbegno, a Dongo e predicazioni varie qua o là.

Accorse dal mezzodì alla sera di una serata di settembre da Pianello a Tartano per ispezionare i disastri del fiume e dettarne tosto un libretto, *Il montanaro*[8]. Era così preso dal lavoro che una volta si avvide di trovarsi a Cremia anziché a Musso per un invito di funzioni. Calò un giorno dal pulpito di Ardenno compiuta la terza predica delle Quarantore, perduta omai la voce; ritornò a Pianello la sera stessa e fu chiamato la notte scura per un'ammalata a Saliana che era meno ammalata del parroco, il quale rientrato in casa fu colpito dal malore di tonsillite in maniera fiera. E queste ricadute avvenivano più di una volta all'anno, ma al terzo giorno, scoppiata la enfiagione, ritornava tosto alle occupazioni ordinarie.

Fu interrogato un giorno da taluni confratelli: «Che stipendio godi tu a Pianello?». Rispose: «Quaranta centesimi al giorno e non mi mancò mai niente, nemmeno lo stipendio mensile per la serva. Se noi imparassimo a vivere di Provvidenza più che di stipendio staremmo meglio, il popolo ci amerebbe di più e noi faremmo fra di loro un bene assai maggiore».

Con sì poco di fisso, don Guanella aveva sempre qualche peculio per i poveri, per ammalati, per opere varie, e denaro non gli mancò mai per spese di stampa dei suoi numerosi opuscoli. Il Superiore un giorno lo invitò a rinunciare a tutti i frutti del beneficio teologale di Prosto in favore di quell'arciprete, in qualunque condizione di poi egli si trovasse, e don Guanella vi soscrisse immantinente e non lamentò mai l'atto, per quante strettezze avesse provato di poi a Torino, a Traona, a Pianello, fino ad oggidì. Don Guanella per risparmiare il soldo del passaggio del barchetto sull'Adda, protraeva il viaggio sino al ponte di Ganda per ritornarsene a Morbegno. Per seguire un consiglio creduto di Provvidenza viaggiò da Traona al di là di Bologna, ma fu inutile. Nel ritorno, essendo caldissima giornata di luglio, si accostò alla sbarra del ponte da Cosio a Traona per ristorarsi d'un soffio dell'aria di fiume, e giù gli cadde col portafoglio l'unico biglietto di 10 lire che gli era rimasto. Da ciò apprese che la Provvidenza è meglio aspettarla quando viene piuttosto che cercarla con ansia.

Il popolo di Pianello avrebbe voluto una festa d'ingresso di don Guanella, che diceva neo-parroco. Quasi all'insaputa dello stesso, vennero con altri sacerdoti gli arcipreti di Dongo e di Gravedona[9] per una funzione d'ingresso. Terminata questa il don Guanella li accomiatò dicendo: «Se vi invitassi per un pranzetto o per una refezione non saprei come servirvi e si direbbe in alto che io ho accettato definitivamente la parrocchia: andatevene dunque in pace».

In una serata di ottobre entrò in casa il sacerdote don Michele Sala, il mio antico successore a Savogno, il quale mi fece capire di aver bisogno di ricapito. Il don Guanella lo tenne a mensa propria per oltre un anno, benché ne fosse di tempo in tempo malamente ricompensato e gli tendesse insidie per iscalzarlo.

Incontrò miglior fortuna con certo sacerdote salesiano, certo Torazza, il quale promise le prime 300 lire se don Guanella accanto il ricovero recentemente aperto in Como avesse anche aperto una casetta per sacerdoti invalidi. La casa fu costruita ed abitata ma le 300 lire di don Torazza sono ancora al di là da venire[10].

Certo mio cugino Antonio Levi, morendo a Genoa City nel Wisconsin, lasciò per il primo all'opera del Guanella in Pianello Lario 3000 lire, con le quali si comprò un pezzo di terra dal signor Cesare Perpenti a riva di lago. Si pensava trasportare ivi l'Ospizio, ma per più ragioni e perché il terreno era attiguo alla casa ed all'orto parrocchiale se ne smise il pensiero.

La prima Casa-ricovero, a Camlago, era per più ragioni poco opportuna e la si vendette e l'Ospizio fu poi trasferito nella casa di cappellania di fronte alla chiesa e poi in casa Mazzucchi già Bernucca, nella frazione di Calozzo[11].

Il vecchio sacerdote Mario Bosatta in bagnarsi nelle

acque del lago si vide perire, allora gridò ad un giovinetto accorso per afferrarlo colla mano: «Lasciami, lasciami che ti travolgerai te stesso» e bramò morire egli solo. Il don Guanella, accorso pel primo, fu Provvidenza che non affogasse in una riva profonda. L'Ospizio prese dunque alloggi provvisori in casa del sullodato, mentre don Guanella pensava ritrarsi definitivamente a Como.

In Pianello Lario aveva sostenute molte molestie da parte dei malevoli, ai quali pareva dura la franchezza del dire dal pulpito e la intransigenza dell'agire del parroco don Guanella, e correvano molto frequentemente alla pretura di Dongo e per essa alla procura di Como. Un giorno le pie donne Dina Bosatta e Maddalena Minatta[12], accompagnate da don Guanella, furono dinanzi al giudice di Dongo[13] il quale cominciò: «Vero che voi per sentimento di stupida pietà aprite piaghe nel corpo delle orfanelle e le allargate? Il tale ... – e qui nominò persona assai spettabile[14] – me lo ha confermato». Al quale risposero le pie donne: «Noi le piaghe le curiamo e non le facciamo», e lì le due colombelle timide timide con forza di leone esposero tali cose che il giudice conchiuse: «Andate, andate che voi avete l'aria di giudicarmi e di compromettermi». Ritornando raggiunsero il cotale al quale le due semplicette dissero: «Lei, signore, ha fatto male a riferire al signor giudice cose non vere di noi e dell'Ospizio»; il tale si scusò, ma nel giorno stesso e quasi alla medesima ora di un anno di poi fu colpito di paralisi che lo trascinò a morire esule e svergognato fuori di paese e provincia. Il giudice, di cui era parola, era ebreo. Successe altro giudice cattolico, buono e patriarcale, al quale pure i referendari si portavano spesso e parevano scottanti le istituzioni delle Figlie di Maria e la loro frequenza alla chiesa. Un industriale aveva imprecato: «Possiate tutte essere schiacciate dalle macerie di quella volta di chiesa...» e qui aggiunse epiteto che voglio tacere. La volta della chiesa non è caduta, ma è caduto vergognosamente l'industriale che dovette nascondersi oltre mare e morì in lontana terra. Il Signore gli abbia perdonato. Il signor pretore Giudici si recava come a diporto dal Guanella per metterlo in guardia. E lui don Guanella rispondeva: «Grazie al signor pretore», ma non ismise punto da proseguire il cammino suo.

Don Guanella aveva cercato un posto qualsiasi in città, per esempio una cappellania nell'Ospedale di Como, ma si rispondeva: «Il don Guanella dove può mettere piede, mette tosto rivoluzione e conviene tenerlo lontano»; «È sempre un mezzo matto» diceva un altro.

Intanto i rapporti giungevano sempre più accentuati presso le autorità civili di Como e don Guanella dovette trovarsi davanti al procuratore. Ora, prima che aprisse bocca il giudice, il don Guanella si sentì invaso da sette spiriti e gridò alto che per oltre 15 anni si perseguitasse un innocente e intanto batteva pugni da montanaro sul tavolo, e faceva accorrere la moglie del procuratore che disse: «Che ha fatto questo sacerdote e che fate voi a lui?». Soggiunse bruscamente: «Conducetelo al signor prefetto». Il don Guanella ripeté davanti al prefetto Guala[15] la medesima scena, onde il Guala interrogò: «Dunque lei che cosa vorrebbe fare a Como?» e don Guanella si sentì dire cosa che non avrebbe mai nemmeno pensato, e soggiunse: «Io voglio fare un istituto per le serve», e lì con facondia esponeva i bisogni delle serve e i desideri dei signori padroni. Dunque conchiuse il Guala: «Mi piace l'idea e l'appoggerò presso il vescovo, e se fa bisogno presso la città».

Con questo le porte della China[16] Como furono aperte al don Guanella ben presto nel modo seguente. Bisognava cercare un punto di appoggio. Si guardò il piccolo terreno con casa davanti a San Rocco in via Milano[17], ma era troppo piccolo e dipendente. Si venne al terreno dove oggi è l'Istituto della Sacra Famiglia[18], ma si trovò esso pure piccolo e caro. Per ultimo si prese in affitto la casa e terreno del signor Biffi[19] alle seguenti condizioni: comperarla al prezzo fisso di 14 mila lire se fosse possibile dopo sei mesi. Si andò per ritirare il danaro a mutuo promesso da certa signora di Dongo e questa alla vigilia del contratto rispose semplicemente: «Mi hanno persuasa di non fidarmi». Le ore si contavano e prima che scoccasse l'ultima gli ottimi coniugi Bernardo e Sofia Calvi[20], conosciute le strettezze, offerirono non domandato il mutuo di 15 mila lire. Si fece allora acquisto con patto che il signor Biffi cedesse al prezzo di 1,50 lire il metro e dopo sei altri mesi di prova il terreno sottostante di circa ventimila metri.

Non si sa come spiegare il presentimento. Il Guanella studente nel Collegio Gallio pareva presentire più di una volta salendo là al passeggio che quel terreno sarebbe stato campo di particolari opere sue. Spieghi chi può e come può. Io non oserei pronunciarmi.

Conveniva dunque cominciare l'opera. Una sera di maggio il nostro barcaiolo e sagrestano Pietro Morelli allogava nel suo canotto poche mobiglie e materassi, e dentro vi salivano suor Chiara Bosatta, suor Martina Silvetti con tre orfanelle[21] per la minor spesa, e si giunse a Como al mattino e si cominciò alloggiare la casetta che poi divenne la Casa della Divina Provvidenza in Como. Qui facciamo richiamo alla *Vita* di suor Chiara Bosatta[22] e come si continuò fino alla santa morte della stessa in Pianello Lario fino all'aprile del seguente anno[23].

Intanto la Provvidenza presentò modo di acquistare il resto di terreno Biffi e allora si cominciò a fabbricare un corpo di casa in aggiunta della esistente. Un camerone al secondo piano serviva di oratorio. Quando poi giunse il privilegio pontificio di tenervi il Santissimo Sacramento[24], la gioia fu grande e le speranze si rianimarono in tutti. Si scorse che se si fabbricava per 5 o per 10 il valore veniva, ma cessava quando si avesse meno confidato nella divina Provvidenza. Allora si diede a fabbricare una casetta per ricoverare sacerdoti vecchi ed infermi, ma che invece servì per lo più per ricovero di fanciulli e vecchi poveri.

La casetta si estese mano mano come è al presente.

Il parroco di Figliaro, Ghezzoni[25], venne un giorno con due giovani, Silvio Vannoni e Giuseppe Roncoroni[26], dicendo: «Ecco le prime fondamenta della Casa della Provvidenza». Il primo è l'attuale sacerdote direttore dell'Istituto San Gaetano[27], ed il secondo morì alla Provvidenza a Como dopo qualche anno di sacerdozio, troncando così le molte speranze che si concepivano sopra di lui. Un giorno di caldo estivo disse il don Guanella allo studente Giuseppe Roncoroni, che sapeva fare da muratore, da falegname e da un po' di tutto: «Provati ad alzare un pilastro e sopra vi collocheremo una statua del Sacro Cuore, perché ho fiducia che in breve qui si ergerà la nostra chiesa del Sacro Cuore». Qualche anno di poi monsignor Andrea Ferrari, allora vescovo di Como, venne e disse: «Nel mezzo fra la casa femminile e maschile segnate la larghezza della nuova chiesa e tirate giù giù finché io dica»[28]. Don Guanella segnava col passo finché il vescovo disse: «Fermate», e lì fu tracciato il disegno della nuova chiesa del Sacro Cuore e lì furono tracciate le fondamenta. Il buon amico signor Giacinto Valli, disegnatore municipale, tracciò il disegno e la ditta Regazzoni[29] ne assunse la costruzione. Non si aveva denaro di sorta in riserbo, ma veniva mano mano e la ditta era indulgente anche nello attendere.

Accaddero diversi segni di grazie speciali. Nessun muratore si fece del male. Il don Guanella fu salvo per miracolo nella caduta di un ponte carico di sassi, dalla cornice della cappella della Madonna fino ai sotterranei. Suor Marcellina Bosatta si sentì sfiorare il velo da uno scaglione precipitato dalla altezza del tetto della chiesa. Il don Guanella si votò alla Madonna di Lourdes per guarire sé da insistente malattia e due orfanelle Ilda e Rachele Grassi[30] da straziante malattia di difterite. Si ottenne la grazia e don Guanella a titolo di ringraziamento e di protezione stava allora erigendo la cappella alla Madonna di Lourdes. I membri della Casa della Divina Provvidenza poco parlavano, ma si sentivano rinvigoriti nelle speranze e nell'affetto dell'istituzione nascente.

Articolo XIII

LA COSTITUZIONE MORALE DELLA CASA DELLA DIVINA PROVVIDENZA IN COMO

Il principio si dice fondamento delle cose. Fondamento delle Case della Provvidenza si dice da noi la lettera *F* ripetuta quattro volte per dire *fame*, *freddo*, *fumo*, *fastidi*; questa lettera, ripetuta così quattro volte coll'animo disposto a praticarla secondo fede e ragione, costituisce la base di una pietra piramidale rovesciata che segna la lettera *V* e questa lettera *V* significa *vittima*. Ci vogliono delle vittime in tutto, e ci vogliono specialmente le vittime conformi alla gran Vittima del Calvario per innalzare torri di salvezza per le anime. Ed ora che abbiamo compiuto un primo giubileo della fondazione delle Case della Divina Provvidenza possiamo contare un numero prezioso di vittime nell'Istituto maschile dei Servi della Carità e un numero maggiore di vittime nel novero più copioso delle Figlie di Santa Maria della Provvidenza[1].

In aprire le Case bisogna sempre fare come la serpe, che fra sasso e sasso fa passare il capo e poi mano mano il resto del corpo: è uno o pochi locali in affitto e poi un acquisto di compera e quindi mano mano.

Pietra fondamentale della Casa Divina Provvidenza in Como fu vittima preziosa la vita di suor Chiara Bosatta, della quale è ormai terminato il processo diocesano[2] per la sua santificazione, e dietro a lei seguirono non poche sorelle di Como, di Santa Maria, della Casa di Milano, e taluni sacerdoti, chierici, laici nell'Istituto nascente dei Servi della Carità. Non è il caso di spiegare il senso pratico delle quattro *F*, né il senso pratico della lettera *V* che potrebbe anche avere il significato di *VV*, le *vittime*.

I membri dei due Istituti si sentivano in cuore di lavorare ad ogni costo e di vincere o morire. Le aspiranti alla congregazione compievano il loro noviziato con prestarsi al servizio in buone famiglie, con prestarsi anche al servizio degli ammalati di giorno e di notte per qualche mese, qua e là anche in paesi relativamente lontani; persino, taluna per mettere insieme una lira al giorno lavorava nelle filande. L'economia si spingeva al punto che, all'insaputa dei superiori che non l'avrebbero permesso, talune vivevano con due centesimi di latte e siero bollito con polenta o pane: incredibili le industrie di queste massaie di nuovo genere. Confidavano nella divina Provvidenza ma pareva loro di dovervi cooperare così, e questo era errore benché materiale; avrebbero voluto giovare a molti ma non essere di peso a veruno. Qualche neo-sacerdote per il soverchio faticare sputava vivo sangue e così si preparava ad un martirio lento di molti mesi.

Si obietterà: la regola dell'Istituto e della stessa carità che cosa faceva intanto? E si risponde che l'amore delle anime fervide non sente verun peso di fatiche: cammina ilare fino all'estremo delle forze, la grazia di Dio ve le conduce e difficile è il trattenerle. In appendice alla *Vita* di suor Chiara Bosatta è una corona di oltre settanta consorelle che Dio chiamò ad imitare i patimenti della propria maestra e seguirla nel sepolcro, martiri di carità. Piaccia al cielo che la eredità di tali esempi sia fonte di benedizioni, che i morti dai loro sepolcri gridino di continuo ai superstiti: «Aspirate sempre a virtù maggiori».

Nella *Storia* della Casa della Divina Provvidenza il nostro Servo della Carità Martino Cugnasca e nel nostro bollettino *La Divina Provvidenza*[3] accenna alla costruzione della nostra chiesa del Sacro Cuore e alla stesa di case costruite ai due fianchi della stessa. Don Guanella avrebbe inteso di ridurre la chiesa del Sacro Cuore a forma di santuario, a tale scopo comperò una stesa di terreno di circa 10 mila metri al di là di via Tomaso Grossi[4] di fronte alla chiesa costruita. E fu probabilmente mal consiglio, che perduta la pazienza di una lunga aspettazione e venuto il bisogno si vendé la maggior parte di quel terreno benché a prezzo molto raddoppiato.

Suor Marcellina Bosatta, di pensiero generoso, avrebbe voluto acquistare da un fianco fino a via Zezio e di fronte fino alla medesima via[5], e sarebbe stato acquisto non solamente probabile ma facilmente pratico. A don Guanella pareva troppo, e che una istituzione troppo grande relativamente alla città avesse potuto correre troppi pericoli, e si lasciarono sfuggire le buone occasioni. A suo tempo si era trattata la villa di Santa Croce per destinarla al comparto femminile, ma pareva soverchio il prezzo di circa 80 mila lire, e si attese che la divina Provvidenza si manifestasse più chiaramente altrove.

La separazione dei due sessi in via Tomaso Grossi si imponeva ed era desiderata, benché la chiesa di mezzo tenesse buona la separazione.

Il vastissimo locale già filanda Binda e poi fabbrica di bottoni, era stata trattata dal Municipio per un asilo di infezioni, dall'Ospedale di Sant'Anna per un comparto dei matti, dalle orfane della città in Santa Chiara per ricovero proprio. Il vescovo Ferrari ne avrebbe fatto una villa per i suoi chierici e negozianti di Berlino l'avrebbero comperata per oggetto d'industria, ma chi per una ragione chi per altra se ne allontanarono e il vastissimo locale Santa Maria di Lora venne in acquisto[6] a don Guanella per 45 mila lire. Vi si fecero alcune riparazioni ed anche alcune aggiunte di fabbricato ed ora lo si dice uno dei più vasti stabilimenti, completo col numero di oltre trecento ricoverate nella più amena prospettiva e salubrità di aria in tutta la città e contorni di Como. E come e quando fu pagato il grandioso locale? Grazie alla bontà del signor notaio dottor Paolo Zerboni e del signor banchiere Minoletti[7] di Milano, il signor Baserga venditore[8] si accontentò di un acconto di 3000 lire, e il resto alle disposizioni e voleri della divina Provvidenza.

Era il 1° maggio del 1895. Quando i primi socialisti davano segno di loro bravure, don Guanella si avvicinò sul sentiero detto della Berlina con una mezza dozzina di operai scioperanti i quali intimarono al don Guanella così: «Pochi mesi e la Casa della Divina Provvidenza sarà abbruciata perché voi preti fate cose che noi non possiamo fare e ci rubate i nostri soldati, i poveri, perché noi vorremmo mandar sossopra tutto e sopra far sorgere l'era del sole dell'avvenire». Nella solennità d'Ogni Santi del 1895 la Casa era in fiamme e fu grazia di Dio che il fuoco non appiccasse al tetto della chiesa e che consumasse la Casa tutta. Don Guanella fu chiamato telegraficamente da Milano e dovette poi esso coi suoi per settimane parecchie vegliare di notte per iscampare la minaccia di nuovi assalti. Qualche tempo prima degli operai briachi irruppero nella Casa per ispezionare certe grida di cotal donnina nana, da tutta Como conosciuta e da noi per pietà ricoverata.

Si chiamò l'aiuto della Questura anche questa volta, come più tardi per l'incendio, ma non se ne trasse profitto di sorta.

Erano gli avversari del bene e don Guanella coi suoi senza sgominarsi guari, proseguirono il loro cammino. Minacce private si rivolsero per un poco anche alle suore portatesi a Santa Maria, ma poi se ne stancarono.

Quali persone di preferenza si dovevano ricoverare? I figli poveri ed i vecchi poveri. Con quale preferenza? I più poveri ed i più abbandonati si volevano preferire per incontrare le promesse di Gesù Cristo che dice: «Ciò che avrete fatto di bene ai più miserelli degli uomini sarà come fatto a me stesso».

E le raccomandazioni? Valevano prudentemente tanto quanto per scoprirne la verità, per farci benevoli chi avrebbe potuto giovare, per ossequio specialmente alle autorità ecclesiastiche.

E le corrisponsioni economiche? La regola è: chi ha tanto dia tanto e chi ha poco dia quello che ha, ma con cuore lieto. Ma come non deve chi ha del proprio profittare dell'altrui, perciò si procurava che almeno metà della beneficenza venisse corrisposta dai parenti, dai Comuni, dalle Congregazioni di carità, se non forse da un gruppo di persone pie per corrispondere insieme una tenue annualità. Qualche volta la Cassa di Risparmio di Milano corrispondeva una sommetta ma a condizioni alle quali non ci potevamo attenere e così si andava avanti confidando nella Provvidenza.

Si era detto al prefetto Guala che si sarebbe fatta una istituzione per le serve e finché si poté si corrispose, ma queste giovani che potevano industriarsi da sé cessarono di dipendere e le altre, per lo più poco atte, mal rispondevano e così l'opera delle serve andò mano mano assottigliandosi. Speriamo possa rifarsi più florida se e quando per caso si possa attendervi di proposito.

Fra i figli e i vecchi poveri venivano in copia le creature scarse di mente, che ad esempio del Cottolengo la Casa denominò *buoni figli* e *buone figlie* ed erano poi tanto ricoverati cari da rappresentare talvolta scene perfino straordinarie di cure affettuose. Non si era trascurato i sordomuti, e si ricevette in prova per un anno qualche classe di questi infelici affidati dal benamato nostro Casanova[9] e dal comitato da lui istituito con insegnanti propri. Si continuò con buon esito per un anno finché venne costituita in proprio con sede in Borgo Vico una sede maschile dei sordomuti.

Si è detto che don Torazza, salesiano, aveva promesso un'offerta di 300 lire per una Casa-ricovero a favore dei sacerdoti vecchi ed impotenti e la si costituì, e il primo ricoverato fu il pio sacerdote don Giorgio Steinhauser[10], per un ventennio missionario sui laghi di Michigan che si estendono da Chicago per una navigazione di cinque giornate di battello. Fu con noi carissimo per sette anni, finché morendo speriamo che l'anima di lui benedetto dal cielo ci abbia preparato l'ingresso a Chicago per nostre fondazioni ivi[11]. Il prevosto di Sant'Agata, don Callisto Grandi, ne scrisse cenni[12], e speriamo vengano ampliati a comune edificazione. L'amico di lui, sacerdote Rossi[13], vi si unì quasi goccia di acqua soave, ma l'opera dei preti vecchi non poté avere consolidamento come ramo di istituzione nella Casa Divina Provvidenza in Como. Bensì si ricevettero, e se ne hanno ancora oggidì, venerandi sacerdoti impotenti specialmente nella Casa di Santa Maria, di Fratta Polesine e altrove. Il don Guanella congiunto con i reverendissimi Zaboglio, Gianera[14], Trussoni si provarono di costituire almeno una società di mutuo soccorso per i sacerdoti della diocesi in generale, ma le pratiche riuscirono efficaci solamente più tardi colla influenza e sotto direzione del vescovo locale.

Altro mezzo di fondazione e consolidamento delle opere si potrà attribuire a quel po' di preghiere e sacrifici di carità degli Istituti e dei membri in particolare. Il proverbio dice: *Chi vuole domandi*. Il Divin Salvatore poi assicura: «In verità, in verità vi dico che qualunque cosa domandiate in nome mio al mio Padre che è nei cieli, la otterrete». Dicono però che la preghiera è onnipotente. Molto più se la preghiera è congiunta con la mortificazione e collo spirito di carità.

Oso mettere dinanzi il libro della *Vita* di suor Chiara Bosatta con relativa appendice e per un poco anche l'edizione di *Vita* del giovinetto Alessandrino Mazzucchi[15]. Non sarà del caso aggiungere particolari, ma confidiamo che frutto delle opere della Casa Divina Provvidenza continuino le preghiere, che come sorgente escano dall'indirizzo degli Istituti e che giù discendono a formare acque di fiume per dissetare i terreni all'intorno.

Altra fonte di benedizioni speriamo sia quello spirito di carità che si cerca usare soprattutto cogli scarsi di mente: spirito di azione caritativa da farne stupire i profani e in una quantità continuata in ogni giorno da poterne scrivere volumi edificanti. Auguro che almeno un saggio di bozzetti edificanti da parte dello spirito della Casa ed altri bozzetti dei miserelli raccolti venga a pubblica notizia, perché da alcuni almeno si conosca a qual alto grado di infelicità possono trovarsi le membra dei nostri fratelli ed a quanto grado di carità possono arrivare le fibre del cuore cristiano. Il cuore della persona religiosa è come terra da orto e da giardino che coltivata produce fiori e frutti di benedizione. Si dice che l'orto deve trovare l'uomo morto, nel senso che in tutti i giorni e per tutta la vita l'ortolano trova ivi di lavorare e di raccogliere. Il lavoro di istruzione, di meditazione, di educazione in genere ed in specie è lavoro di ogni giorno per tutti i giorni di vita dei sacerdoti da Dio chiamati in questo orto delle anime.

Le medesime contraddizioni ed avversità, sia di corpo o di mente o di cuore, Iddio buono le converte in piogge d'oro, e le bufere di tempesta in tanti chicchi come pietre preziose che arricchiscono l'abitazione del cuore religioso, tabernacolo vivente dello Spirito Santo.

Il profeta dell'Antico Testamento prediceva un tempo non lontano nel quale un pastorello avrebbe guidato come pecorine ai pascoli feraci le bestie feroci del deserto. Così nelle Case religiose un pastorello o una pastorella chiama dal mondo le vocazioni religiose che poi guidano come agnelli mansueti. Raro è che una pecorina si stacchi anche per un poco dal suo ovile, perché le pecore sorelle con pio belato la richiamano. Laonde, alle domande che i meno pratici fanno: «Come si fa? Come si fa?», si risponde: «Domanda inutile: è Dio che fa».

Interrogava un giorno l'augusto pontefice[16] Pio X: «Dormite voi di notte?».

«Sì, Santo Padre, e qualche volta anche di giorno».

«Non avete fastidi?».

«No, Santo Padre, perché fino a mezzanotte ci penso io e poi so che ci pensa Iddio».

Ecco rivelato il mistero, ecco rivelata la lezione a chi la vuole ritenere e praticare. Si voleva che anche le pietre parlassero e si disegnò a lettere cubitali nella chiesa di Santa Maria di Lora: BANCO DELLA DIVINA PROVVIDENZA.

Pregare per i benefattori vivi e defunti. Si visitano le salme dei cari nostri morti al cimitero per attingere forze novelle. Dinnanzi alla cella mortuaria di Santa Maria stanno le statue delle sante sorelle Faustina e Liberata[17] e dentro la cella l'immagine di Gesù che invita: «Io sono la risurrezione e la vita».

Durante l'Esposizione Voltiana gli elettricisti mondiali presero colazione a Santa Maria e furono rallegrati[18].

Don Guanella in 24 numeri di *Pro Faro*[19], in 25 mila oleografie del Volta e in altre copie della vita dello stesso, *Scienza e fede*[20], intendeva raccogliere la mente ed il cuore degli offerenti ad un monumento di fede e di amore sulla torre sovrastata dalla grandiosa effigie del Divin Salvatore. Intendeva il don Guanella che il monumento raggiante di luce elettrica additasse, al punto di confine di due nazioni, il punto di contatto tra *scienza* e *fede* del Volta attinta dal Cuore santissimo di Gesù Cristo. Ma si dice che dove tocca il liberalismo ivi attacca fuoco che tutto incenerisce all'intorno. Nemmeno giova al Guanella l'avere comunicata personalmente questa idea all'Edison[21] ed ai potentissimi milionari degli Stati Uniti americani, ecc.

Si tramandi ancor questo ai posteri perché imparino lezione dai passati, ben conoscendo che chi vuole conoscere[22] l'avvenire deve studiare il passato delle persone e delle cose. E qui facciamo punto per ritornare alle vicende della Casa madre in Pianello Lario.

Articolo XIV

PIANELLO LARIO

Il pio sacerdote Carlo Coppini consolava morente nel 1881 le sue congregate nell'Ospizio del Sacro Cuore dicendo: «Verrà un altro dopo di me, il quale farà molto più di me». Si dice che al don Guanella conferendo col nucleo di quelle pie donne siano sfuggite di bocca queste parole: «Confortatevi che verrà tempo, e non sarà lontano, nel quale voi abiterete cameroni lunghi». Si direbbe che quelle voci alludessero al grandioso stabilimento di Santa Maria sopra Como.

Non so se prima o dopo questo, scoppiava il colera a Napoli[1].

Il piccolo gregge venuto in mano a don Guanella fremeva di desiderio e dissero: «Andiamo fra i colerosi di Napoli per lavorare o morire». Ma fu risposto a don Guanella: «Non occorre aiuto vostro. Ringrazio» e si firmava: «Arcivescovo cardinale Sanfelice[2]».

Iniziata la istituzione in Como, che fu detta Piccola Casa della Provvidenza, s'incontrò lo sfavore e le minacce della Piccola Casa di Torino, onde la nostra si denominò semplicemente Casa della Divina Provvidenza.

Nel cimitero di Pianello Lario si erano innalzate due piramidette al nome venerato di don Carlo Coppini e di altri nomi di suore morte ivi. Non si poteva non ricordare quel caro luogo di origine. Don Guanella vi dimorava da sette anni.

Nell'ultimo anno dovendo accudire da vicino l'opera di Como aveva lasciato supplente il sacerdote Michele Sala, di cui si è parlato. Questi, non per mala volontà ma per mancanza di indirizzo, aveva disposta la parrocchia perché il don Guanella fosse allontanato ed esso riceverne l'eredità. Don Guanella, salutati i suoi, si partì a mezzogiorno domenicale del dì ...[3]; ne era entrato a mezzanotte, come si è detto, e ne uscì a mezzodì non scomodando veruno. Questo a titolo di semplice storia.

E per ricordo storico si nota semplicemente che monsignor Giacomo Merizzi[4], vicario capitolare, mise alla porta il don Guanella adducendo non so quale irregolarità di atto. Ma il don Guanella, franco in cuore proprio, disse a se stesso: «Tu sei in Como e vi rimarrai».

Il don Michele Sala, rimasto in Pianello benché provvisoriamente, non faceva buoni uffici nemmeno a quell'avanzo di ricoverati d'Ospizio che stavano in casa del cappellano. Quando la signora Domenica Mazzucchi[5] per una somma non grave offrì la sua casa Mazzucchi già Bernucca, là prese stanza definitiva l'Ospizio, ricordando il Cottolengo che diceva: «Le verze trapiantate ingrossano».

E veramente fu così, perché alla casa Bernucca-Mazzucchi si aggiunsero due case Mazzucchi e Bosatta, casa paterna quest'ultima di suor Marcellina. Indi si alzò una casa a tre piani con vasti dormitori. Dopo qualche anno si comperò altra casa di Luigi Mazzucchi, detto *san Luigi*, e dallo stesso altra dipendenza di casa e rustici. E finalmente i fratelli cedevano a buone condizioni alla sorella Marcellina il fabbricato-incannatoio con diritto di acqua, dove le orfanelle lavorano quotidianamente.

Da un locale giardino di fiori si trasferì la chiesa, dove

troneggia quasi regina adorna e prospetta il paese e benedice ai viaggiatori sulle acque del massimo Lario.

Il don Guanella da parecchio faceva sogni di fantasia sulla cosiddetta *Acqua Rossa*[6] minerale ferruginosa, che scaturiva in alto monte. Il sogno divenne realtà quando monsignor Barge col signor Rodolfo Ferrari, col capitano Luigi Zerbo[7] realizzarono azioni per lo più a fondo perduto e così l'Ospizio ed anche il paese fu dotato di un'acqua relativamente ricca di ferro che serve tuttodì a comodo e salubrità comune. Se ne valse l'Ospizio per attirare nell'estate fanciulle milanesi anemiche che si scambiavano a spesa di particolare comitato, ma il disegno tornò a vuoto, le azioni furono tacitate ed ora la conduttura di oltre mille metri è tutta a vantaggio e peso dell'Ospizio.

Da anni parecchi l'Ospizio tiene aperti sala e giardino per l'asilo a favore dei fanciulli del paese. Inclina per ricevere a mitissime condizioni i poveri del paese e dei vicini. Le suore, quando possono, assistono gli infermi a domicilio, dirigono per quanto si può l'oratorio femminile e si fanno catechiste ai fanciulli della prima Comunione e della tenera età in generale.

Da anni parecchi la direzione dell'Ospizio invia suore per direzione di asilo e di scuola serale a Musso. Per donazione degli egregi coniugi Carolina Annoni in Bosisio Luciano si aprì altra Casa nella Villa Annoni a Genico di Musso[8], dove si conserva carissimo il busto del signor Antonio Annoni[9] il quale ne fece già da amico fedele, da perito coscienzioso, e da capomastro esperto costruì la Pia Casa dei Poveri in Milano. Diresse l'acquisto di Santa Maria di Como, di Fratta Polesine e di San Gaetano in Milano, e pose con don Guanella disegno e fondazione della chiesa Stazione cattolica di Splügen. Scelta la mente e carissimo il cuore del signor Antonio. A don Guanella assente, allora a Roma, dolse per sempre di non aver ricevuto lo spirito ultimo dell'ottimo signor Antonio, caduto nel rientrare a casa all'ultimo gradino di quella scala, colpito da paralisi che troppo presto lo condusse a morte. Gode all'animo di don Guanella di poter supplire a quella mancanza con assistere altresì con privilegio pontificio con celebrazione di santa Messa più di una volta per settimana in stanza attigua alla camera della figlia Carolina Annoni in Bosisio, dove con tormento e con pazienza pari, colpita da cancro che non risparmia, guarda al paradiso e sospira di entrarvi.

A Roma abbiamo il massimo tempio di San Pietro, santuario di preghiere universale, e abbiamo anche il Colosseo, teatro massimo dei patimenti e dei trionfi dei martiri cristiani. Sarà troppo il confronto che sono per dire? Divenga la nuova casa Annoni, da noi altresì riattata ed ingrandita, un piccolo santuario di preghiera e di là, dove si prospetta il panorama grandioso del lago e della Valtellina, le anime fervide spicchino il volo alto di aquila, quasi in atto di salvare se stesse, da una rupe di contemplazione e porgano esempio e aiuto per ottenere benedizioni ai benefattori propri, alle istituzioni della Casa della Provvidenza in Europa ed in America ed a moltissime anime quante ne possono capire in un cuore che vorrebbe liquefarsi per amore a Gesù Cristo ed alle anime redente dal suo Sangue.

Un giorno fu nel quale scherzoso o serio don Guanella rivolse al nobile don Giovanni Manzi[10] questa domanda: «Perché non abbellisce il grandioso giardino-parco di una Casa, magari per le nobili decadute, ché l'Ospizio di Pianello ne potrebbe prendere cura e direzione? Io ne farei una descrizione morale del rinomato giardino-parco». Rispose don Giovanni: «Bei sogni del curato di Pianello». Ora la descrizione vide la luce in tanti articoli sull'*Ordine* e fu riprodotta coi tipi della Casa Divina Provvidenza del corrente anno in un opuscolo e dedicato all'unica erede donna Giuseppina Manzi[11], la quale si sa che vede di buon occhio la istituzione di Genico e che le aprirebbe passaggio al giardino-parco per rinfrancare lo spirito al ben fare. Lo zio, nobile don Giovanni Manzi, che diede l'ultimo spirito sul punto primo in cui cominciò a convertire in giardino la rupe scoscesa del Giangiacomo dei Medici, non può accadere che inspiri alla pia nipote di realizzare nella prima parte i sogni del già curato di Pianello?

Anche in questo si avrebbe una prova per dire che la Provvidenza giuoca in quest'orbe terraqueo e che noi non siamo che i fantocci ovvero i burattini in mano di questa Provvidenza ammirabile.

Da Pianello molte volte, e da Musso ripassando, don Guanella guardava al Pian di Spagna con certa attrattiva. Presentimento o non presentimento, un giorno che da Bene Vagienna veniva con lunga passeggiata cogli scolari del collegio dei Salesiani di Trinità, di cui era rettore, aveva in mente il Pian di Spagna fisso fisso, e chiaro chiaro come un giorno là si sarebbe fatta una fondazione, ed i poveri iniziatori che si sarebbero valsi delle cannuccie secche di granoturco per accendere nella loro povertà un po' di fuoco. Il nipote parroco Pietro Buzzetti[12], facile a progettare, mi ricordava talvolta il profitto religioso e sociale che ne sarebbe venuto dalla fondazione di una colonia-villaggio là dove un giorno sorgeva la borgata-città di Olonio, e mi confortava anche con ricordarmi il sepolcro a ristorarsi di san Fedele martire di fronte ad Olonio e al di là del lago di Mezzola[13].

Or quanto al sepolcro-monumento romano vi pose mano, ma nella sua esecuzione di restauro rientrò poi lo stesso nipote che trovò guida artistica ed aiuto economico nel conte signor Cavagna[14] che villeggiava in sua parrocchia di Carate Lario.

Noto il seguente caso. Ai primi d'anno 1880 don Guanella disse alla vecchia domestica Martina[15]: «Preparatemi abbondante cena perché domattina a piedi devo uscire alla *Castella* per certo credito che tengo e poi proseguire fino ad Ardenno in visita al fratello prevosto». Tirava vento impetuoso e freddo. La Martina preparò un caldaretto di castagne secche cotte in guscio e disse al signor curato: «Mangi quanto vuole», e non portò altro e con quel pasto e poco meno giunse ad Ardenno. Il debitore di 400 lire era un certo Gaudenzio Tavasci proprietario della cosiddetta *Casa Castella*, dove ai miei tempi il fiume Adda entrava nel lago di Mezzola. Il buon uomo si meravigliò che richiamassi un debito di tarda data e così ci lasciammo freddamente, ma l'amicizia si riaccese quando in luglio 1900 don Guanella si trovava a Colico con un bel fascetto di mille lire e le dava in acquisto della *Castella* con terreno erbivo annesso e con altre steppe della famiglia Oreggioni e dei signori Balatti, e dei cosiddetti *Bergamaschini*, mediante contratto rogito Bettiga del giorno 28 luglio 1900.

Il don Guanella aveva raccolto a conferenza persone spettabili laiche ed ecclesiastiche in Colico che conchiusero così: «Don Guanella cominci l'opera, che riconosciamo non solo patriottica ma sociale, e noi gli verremo in soccorso in seguito». Certo è che il Guanella apriva un'opera di comune vantaggio ai grassi ed ai magri proprietari del Piano del raggio di circa 7 chilometri, ma da cavarne un soldo sia dai grassi che dai magri proprietari non fu possibile. Il Ministero mandò due volte il commendator Desideri[16] per incoraggiare l'opera e promettere sussidi, ma il don Guanella non ebbe in aiuto che 5 lire, il valore approssimativo di una medaglia con Diploma di Benemerenza.

Dell'opera del Guanella piace riprodurre qui le pagine che ne scrisse il signor ingegnere Giussani nella sua opera storica del Pian di Spagna[17]:

«L'unica opera veramente utile a cui siasi di recente dato mano in pro di quello sgraziato territorio, fu nel 1900 ideata da quel meraviglioso apostolo di carità che è don Luigi Guanella, e portata in questi ultimi mesi a compimento. Alla Vedescia, a poca distanza dalla stazione ferroviaria di Dubino, scorrevano anticamente le acque dell'Adda, e quando nel 1858 si diede ad esse un nuovo corso, squallido e abbandonato ne rimase l'alveo, e le acque ristagnandovi accrebbero la desolazione del territorio: lungo il letto, da una parte e dall'altra si stendevano lunghi cumuli di sabbia e di ghiaia, depositati dal torrente nelle sue piene, formando sterili dune. Il Guanella pensò che i deficienti ch'egli raccoglie, istruisce e mantiene in gran numero, potevano trovare lassù pane e lavoro, compiendo al tempo stesso un'opera civile, sommamente proficua a quella popolazione. All'idea seguì tosto l'attuazione, e fatto rapido acquisto di quelle terre incolte, ecco il Guanella nell'ottobre del 1900 salpare da Como a quella volta, alla testa d'un drappello de' suoi beneficati, e porsi coraggiosamente alla difficile impresa. Tutto mancava lassù, le abitazioni, l'acqua, la scuola, la chiesa; non v'erano che tristi dune e pestifere paludi: ed ecco il Guanella restaurare un fabbricato cadente ed ampliarlo, riparare le strade, condurre l'acqua, impiantare una scuola, ed erigere una chiesa in legno, alla quale sostituì poscia una in muratura, su disegno del nob. ing. arch. Giovanni Sartirana da Giussano. In pari tempo egli abbassa le dune, riempie le paludi e, con un lavoro parallelo di colmatura e scolmatura, diretto dall'agronomo Pozzi, sull'indirizzo dato dal comm. Cerletti, riduce quella sterile landa ad una uguale distesa di verdi prati e di campi ubertosi. Ce ne assicurano ufficialmente i commissari governativi, comm. ing. Cesare Desideri, Ispettore superiore per le bonifiche presso il Ministero d'Agricoltura Industria e Commercio, e dottor Cesare Forti, Direttore della Cattedra ambulante di Agricoltura della Provincia di Como, i quali visitarono la colonia in due riprese, ai 22 agosto 1902 e 1904. Le risultanze della loro ispezione sono consacrate nei due rapporti che in data 26 agosto 1902 e 12 novembre 1904 essi presentavano al Ministero, dall'ultimo dei quali rileviamo quanto segue: il tenimento è della superficie di 25 ettari, di cui 21½ già completamente bonificati; la spesa complessiva dell'acquisto e del lavoro è stata di L. 100.000 in cifra tonda, con un esito così soddisfacente, che, mentre il reddito netto del terreno incolto era prima solo di L. 350, alla data della 2ª relazione ammontava già a L. 3156, e se ne prevedeva l'aumento a L. 4720 dopo un triennio; nella colonia vivono complessivamente 42 persone e 31 capi di bestiame, e l'esito della bonifica è felicissimo anche dal lato igienico, perché, quantunque l'anofele infesti ancora il Piano di Spagna, e vi produca febbri palustri, i casi verificatisi in quel tenimento furono pochissimi, e questi pure benigni. I due commissari, dopo aver notato che l'opera del Guanella comincia già a servire di stimolo e di esempio ai proprietari vicini, concludono la loro relazione testualmente in questo modo: "Dal punto di vista dei fatti che riguardano l'esistenza di paludi malariche e pressoché improduttive, all'epoca dell'acquisto fatto dei terreni in concorso, e della notevolissima produzione raggiunta in tempo relativamente breve coi lavori descritti, come pure riguardo al forte incremento igienico, ritengono i sottoscritti che il concorrente meriti di essere considerato come un benefico innovatore, e che egli si trovi nelle condizioni previste dal citato R. Decreto 18 giugno 1901, per aspirare ad uno dei premi assegnati alle opere comprese nell'articolo 1, lettera b". Ed il governo infatti accoglieva la proposta de' suoi commissari, ed assegnava a don Luigi Guanella un premio, purtroppo inferiore a' suoi meriti. Nella colonia il Guanella volle opportunamente far rivivere la storica borgata di Olonio, da quattro secoli caduta in rovina, per modo che la chiamò Olonio San Salvatore, dal nome della chiesa, ora eretta in parrocchia, che per comodo delle sue terre egli vi volle erigere».

Il don Guanella ne ebbe encomi dalla stampa e incoraggiamento dai signori Cavalieri del Lavoro, ma denaro da nessuno. Cordiale era l'incoraggiamento che in talune sedute sul luogo porgevano i parroci all'intorno, ma quei del clero erano troppo poveri per aggiungere alle parole anche i fatti. Cara peraltro fu sempre la loro presenza.

Costruita la chiesa, si teneva nella prima domenica di maggio grandiosa la festa di santa Maria del Lavoro[18]. Venivano in pellegrinaggio ed insieme a divertimento da molte parti, e da Colico alla colonia si stabiliva benanco più corse di carrozzoni *Omnibus*, ma poi le passività superavano non poco e la festa si vedeva convertire in una scampagnata, e allora si pensò di limitarsi ad una pura festa locale e di divozione.

Si domanderà: «Come incominciarono i lavori? Come si proseguirono?». La risposta è storica. Un giorno don Guanella approda a Colico con una dozzina di ricoverati che chiamava *buoni figli* e li aiutava a salire sopra un carro preparato, e via fra le risa di quei di Colico che strabiliavano. Ma avevano una buona guida nel Servo della Carità sacerdote Luigi Bravi[19], il quale sapeva farsi amare ed obbedire insieme.

Si trattava di appianare collinette di sabbia per riempire delle paludi e mettere in disparte la terra vegetale (*humus*), a stendervi sopra quasi concime prezioso. Si chiamarono poi lavoratori veneti abilissimi in tali lavori e così si ridusse a prato, a campo, a vite, a gelsi una spianata di steppe per una estensione di cinquecento pertiche locali[20]. Il locale abitazione si estese per circa cinquanta persone, e stalle e fienili per oltre trenta bovine. La bellissima chiesa, diretta gratuitamente dal compianto ingegnere Sartirana e decorata dal professore Jamucci[21] con bellissime figure bizantine dei santi vissuti e morti nel circuito valtellinese, è costruzione ammirata da tutti ed è quasi zolla di fiori che si erge in quelle terre tuttavia in buona parte bagnate e deserte.

E come si stava poi a denaro per i pagamenti? Denari non se ne aveva mai o quasi, ma i lavoratori venivano a gara e non si trovò alcuno che si lamentasse di non essere stato pagato esattamente. Chi pagava adunque? Non è dubbio. Le migliaia di lire venivano giù da sopra le tegole della casa e chi le mandava era sempre la divina Provvidenza.

Mano a mano in ogni anno si fabbricano all'ingiro delle abitazioni. Sono famiglie della vicina borgatella di Verceia, la quale minaccia subbisso per continue minacciose frane dall'alto dei monti. Sono famiglie della sponda destra dell'Adda sino a Mello, le quali apprendono che è guadagno miserabile discendere da molti chilometri dall'alto per lavorare poche ore in piano impoverendolo sempre con portar via la sera il carico di legna, di strame, di letame che un asinello stecchito può portare.

L'inaugurazione della colonia fu una festa che fra i suoi compagni inaugurò don Guanella, e pose dietro l'altare della chiesa a perenne memoria il nome dei suoi diletti compagni in numero di otto viventi e in numero di tre passati a miglior vita[22].

Si aveva in animo di produrre una colonia con buon numero di mucche, di pecore, eccetera, ed a tale scopo conveniva avere un alpeggio di pascoli montanini per la stagione estiva; si comperò allora dai propri parenti l'alpe che si chiama Suretta a Montespluga[23] e per iniziativa di don Guanella si eresse per azioni un locale ad uso di latteria, che tuttora funziona a vantaggio di quegli alpigiani e per un poco anche per quel soave ricovero di suore e di bambini nel quale il pietoso prevosto Lucchinetti[24] conduce in asilo climatico i ricoverati nell'Ospizio proprio di Mese presso Chiavenna.

Senonché prevalse il progetto, a principio appena abbozzato, di convertire la colonia in villaggio. Per tal modo e per uso di costruzione, una parte considerevole di terreno fu ceduto e il denaro inviato a Roma per le fondamenta della chiesa di San Giuseppe, la quale è ora parrocchiale in direzione ai Servi della Carità[25]. Nell'Ospizio-ricovero di San Salvatore continua la cura di una cinquantina di giovani scarsi di mente. Vi si attende per costruire anche il cimitero e costituire la colonia in parrocchia riconosciuta dalla legge civile, come da anni è stata riconosciuta in vicaria dalla autorità ecclesiastica.

Mi sia lecito qui conchiudere con una osservazione. L'opera caritativa sociale del Pian di Spagna raro è che sia riconosciuta opera di benemerenza: in generale vi si accostano per riceverne e non per darne. Non rare volte avvengono malintesi e disillusioni, come nella costruzione della latteria a Montespluga, ma bisogna non badare e compatire sempre e far del bene a chi ci fa del male e, per non perdere il merito, prendere tutto dalla mano di Dio.

Articolo XV

DUE FONDAZIONI AD ARDENNO

Il sacerdote Luigi Guanella stava lottando colle sue prime prove in Traona quando il proprio fratello sacerdote Lorenzo da parroco prevosto di Roncaglia passò parroco prevosto vicario foraneo in Ardenno, dove lavorò per ventisette anni fino alla sua morte che avvenne a Santa Maria della Provvidenza nel comparto per i sacerdoti della Casa. Morì ivi il 25 luglio 1906 assistito dal proprio fratello Luigi. È da notare che la sorella Margherita[1] era dedicatissima al proprio fratello Lorenzo e non lo avrebbe abbandonato un giorno, ma colpita da mal di cuore morì tra le braccia della nostra suora infermiera Rosa Colombo[2], attuale superiora di Santa Maria di Lora. La stessa suora fu provvidenzialmente assegnata in cura alla malattia del fratello che pure spirò lei accanto.

La salma del carissimo fratello la vollero i suoi parrocchiani e don Luigi accompagnò i mesti funerali. Il fabbriciere signor Beretta e il molto reverendo parroco di Biolo don Lodovico Vitalini[3], amicissimo sempre del prevosto, erano venuti da Ardenno per lo scopo di trasporto della salma. Il cugino professore Tomaso Trussoni nella chiesa del Sacro Cuore di Como ne lesse elogio funebre che fu poi dato alle stampe[4].

La sorella Margherita ebbe sempre scarsa fiducia nelle opere del fratello Luigi. Si sa che quando don Luigi a Traona contrasse malattia creduta grave, già si pensava al peso di doverlo mantenere, e invece la Provvidenza dispose che le opere di don Luigi aiutassero alla fin fine i fratelli sempre diletti.

Nella *Vita* di suor Chiara Bosatta si legge come lei e suor Marcellina fossero state chiamate per fare un po' di bene nella parrocchia di Ardenno e si legge pure come dovessero desistere.

Il prevosto don Lorenzo disse un giorno al fratello don Luigi: «Il nostro vescovo monsignor Valfrè[5] mi consigliò di insinuarti a fondare una Casa tua di Provvidenza per gli scarsi di mente in parrocchia. Io ti offrirei la somma di 3000 lire». Rispose don Luigi: «Quest'opera fu tanto a cuore al comune amico il prevosto Acquistapace[6] di Dazio, e io seguirò le sue orme ed acquisterò la casa e vigna Buzzoni che tu mi suggerisci per il valore semigratuito di 12 mila lire». La casa venne ridotta[7] ed ampliata ed ora novera poco meno che cento infelici nel sesso femminile di ogni età e condizione. In questa Casa si dirigono annualmente otto giorni di Esercizi alle giovani del paese e contorni. Vi si dirige l'asilo infantile sussidiato in parte dal signor Visconti[8], vi si tiene oratorio festivo e trattenimenti per le ragazze del paese, valendosi all'uopo di qualche sussidio che di tempo in tempo forniva il signor prevosto.

Monsignor Valfrè aveva poi soggiunto: «Basta fin qui, don Luigi», ma poco stante ritornato don Luigi da Roma sentì ripetersi da monsignore: «Se in Ardenno costruite un'altra Casa per i deficienti maschili, che colà in Ardenno abbondano, io presento 500 lire per una pietra di fondazione». Ed il nostro prevosto don Lorenzo riprese: «Ed io aggiungerò altre 3000 lire per acquisto di casa e vigna

Pontiggia, che credo poter acquistare al prezzo di 10 mila lire». Così avvenne. Ma l'idea di ricovero di questi infelici malamente entra nella mente dei valtellinesi. I ricoverati d'ambedue quelle Case per lo più sono da province esterne alla nostra di Valtellina. La carità e la pazienza che si usa con questi infelici si dice che non è compresa. La Faverio[9] che dalla sua abitazione in Como, via Tomaso Grossi, vedeva le cure delle nostre suore per questi meschinelli, diceva: «Il servizio di queste suore non è solamente eroico ma è di un pregio che non ha confine».

I coniugi signori Reina, visitate per caso le nostre Case di Ardenno e specialmente la maschile, ammiravano non poco e la signora diede in uno scoppio di pianto che pareva inconsolabile, e le pareva impossibile che le suore della Provvidenza esercitassero quei miracoli di carità che loro sono propri ogni giorno. Pio X, accompagnando con autografo[10] il viaggio di don Guanella in America per una fondazione ivi, diceva a tutti ed ai singoli che le suore dette della Divina Provvidenza operano miracoli ossia atti meravigliosi di carità.

Ma se i cuori educati e pii comprendono questi atti di carità, vi è poi la maggior parte degli altri che non se n'intendono e non vorrebbero vedere i ricoverati, e interdirne loro l'ingresso nella chiesa e ne mostrano nausea come una spazzatura del mondo. Questo modo di fare quanto è lontano dall'esempio di Gesù Cristo che diceva di sé: «Io sono un verme e non un uomo, l'obbrobrio degli uomini e l'abbiezione della plebe». Con queste parole il cardinale Carlo Nocella[11] morente, ultimo che fu creato da Leone XIII, confortava il Guanella nelle sue opere di carità, e don Guanella a sua volta partecipa il prezioso conforto a tutti e singoli i membri dei due Istituti. Rincresce osservare quanto si è detto, ma è giusto che lo si noti per ravvivare la fede in tutti e nei singoli non meno che la carità efficace. E dobbiamo poi tutti armarci di pazienza, perché solamente col tempo e colla pazienza si possono in molte cose persuadere gli uomini.

A questo scopo si è introdotto anche nelle opere in discorso il periodico mensile *La Divina Provvidenza*, che nel diciannovesimo anno di sua esistenza[12] cerca migliorare la propria edizione. Obietterà taluno: «A che il periodico? Non basta affidarsi alla divina Provvidenza?». E si risponde che la stampa è la quarta potenza del mondo e che noi siamo obbligati a valerci di quei mezzi dei quali ci fornisce la stessa divina Provvidenza.

Don Guanella appena cominciata l'opera in Como vi inserì un torchio tipografico per spargere in copia libriccini e foglietti in servizio dell'opera nascente e della buona causa in genere. Da questi umili principi ne seguì poi l'impianto di tipografie complete nelle Case di Como e di Milano e di altre tipografie meno estese ma pure eccellenti a Roveredo (Grigioni) ed a Gatteo (Romagna). A don Guanella pareva peccare se non si fosse valso di questo mezzo potentissimo di diffusione che è la stampa.

Il periodico *La Divina Provvidenza*, dietro la direzione e l'indirizzo di don Guanella, ebbe sempre la mercé di cuori buoni, scrittori buoni e non raro eccellenti. Naturalmente si prese intelligenza con l'autorità diocesana, la quale nel riguardo fu sempre benevola. Il periodico avrà i suoi diecimila lettori una volta al mese: auguriamo che sia pascolo salutare a molti cuori. Segua l'invito di Gesù Cristo che dice: «Veggano tutti le opere buone e ciascuno glorifichi il Padre eterno che è nei cieli». In questo senso e per tale rapporto ci siamo permessi di continuare in queste memorie storiche della Casa della Divina Provvidenza.

Noi saremo sempre grati a quelli che saranno prodighi di consiglio e generosi di aiuti.

Nella Casa della Divina Provvidenza si coltivano con qualche intensità le opere degli asili infantili. E come no! Se Gesù Cristo si mostrava così tenero coi fanciulli e se il successore di Gesù Cristo Pio X si mostra così premuroso per i fanciulli? E se i santi, seguaci di Gesù Cristo, ebbero sempre cari i fanciulli come la pupilla degli occhi propri? È una provvidenza che i parroci per ristorare la propria popolazione comincino dagli asili infantili e nel mezzo le suore che guidano come tenere madri: aiutare i fanciulli piace ad ognuno perché dessi sono innocenti e cari angioletti.

Il don Guanella cercò per tempo di coadiuvare ai parroci nel loro zelo e nella loro povertà, e fece sempre il sacrificio non piccolo di cedere il personale migliore delle suore come maestre, riserbando per le sue Case e per i suoi ricoverati il servizio delle altre suore. Bramo che ciò si sappia perché ciò è vero ed è azione di carità degna di essere apprezzata. In ogni anno e quasi per saggio si è esposto il giudizio di competenti nell'esame di chiusura dei nostri asili, come si possono leggere in parte nelle pagine del nostro periodico.

Negli asili la mente ed il cuore della suora si addestra e si perfeziona poi per varii ufficii nelle Case della congregazione, quando si possono sostituire con altre suore.

Don Guanella per lo più due volte all'anno visita gli asili ed i comitati dai quali dipendono. Altre volte manderà una suora ispettrice e due volte all'anno, nel Natale e Pasqua, si raccolgono nelle Case maggiori per sentirvi i bisogni di ciascuna e provvedervi. Provvide poi il don Guanella di visitare più altre volte gli asili affidando a ciascuna delle suore un libretto a stampa *svegliarino*, perché la suora più spesse volte apprenda gl'indirizzi dei propri superiori. Al medesimo scopo e per le suore che pellegrinarono negli Stati Uniti, a Chicago, dispose altro libretto di speciali ed opportuni ammonimenti[13].

Ora si aggiungono voti ed auguri in modo speciale ai reverendi parroci perché la Casa della Provvidenza, avendo con tutto piacere potuto aderire alle loro domande, anch'essi parroci e i sacerdoti ricevano i nostri sensi di grato animo per le cure che essi hanno per le nostre suore, e perché volendo anch'essi provare ai fatti i loro desideri per la prosperità delle opere nostre, si adoperino per inviare buone vocazioni di figliuole robuste di mente e di cuore e di corpo insieme, per venire in aiuto ai molteplici uffici di carità nelle opere della Casa della Divina Provvidenza.

E non solo vocazioni femminili, ma cerchino inviare anche delle vocazioni maschili di giovanetti che si sentono chiaramente chiamati alla carriera ecclesiastica, di giovani che si sentono di dedicarsi come fratelli coadiutori in molte mansioni della Casa.

E non si bada da noi a condizione ed età. Anche le vocazioni più umili e di età avanzata si ricevono come inviate da Dio e capaci di gran bene. Va da sé che ambedue gli Istituti dirigono varii comparti di persone e che nella Casa della Provvidenza si desidera sia Provvidenza per molti.

I reverendi parroci e sacerdoti nella lettura del nostro bollettino *La Divina Provvidenza* troveranno modo di apprendere lo spirito ed i bisogni nostri. Hanno dei paesi invasi da socialismo e da irreligione, i quali appena sostengono la presenza di due monachelle nella cura dei bambini: e questo è bene da non trascurare. Il venerabile don Bosco inviava i suoi missionari fra pagani e selvaggi dell'America dicendo: «Fate vostri i fanciulli ed i genitori verranno. Educate con carità e vi farete strada nel vostro cammino di evangelizzazione». Or chi non sa che come è difficile diffondere il Vangelo fra infedeli, anche più difficile è farlo risorgere nei paesi che il Vangelo rinnegano praticamente e calpestano?

La messe è molta, ma gli operai sono pochi. Preghiamo il padrone della messe che mandi operai nel campo suo a mietere.

Luigi Guanella nell'Istituto San Gaetano, Milano, 1912 circa.

«Chi opera non siamo noi da noi, ma la grazia di Dio
che per somma bontà si degna di operare nell'uomo,
nell'uomo nel quale la base di ogni ben fare è persuaso che sia Iddio e lui il niente».

Fraciscio di Campodolcino (1341 m),
paese natale di Luigi Guanella, in una cartolina del 1902;
sotto, casa Guanella, oggi utilizzata per soggiorni e incontri spirituali.

La mamma Maria Bianchi (1806-1879) e il padre Lorenzo Guanella (1800-1874).
Si sposarono nel 1824 ed ebbero tredici figli.

Il fratello don Lorenzo (1836-1906) e la sorella Caterina (1841-1891).

Il cortile interno
del Collegio Gallio, a Como,
dove Luigi Guanella
frequentò il ginnasio
dal 1854 al 1860.

La chiesa di Santa Maria Assunta
a Prosto di Piuro.
Luigi Guanella vi celebrò
la prima Messa, il 31 maggio 1866.

Ricordo della prima Messa.

Savogno di Piuro (932 m),
il borgo alpestre
dove Luigi Guanella
fu economo spirituale
dal 1867 al 1875.

Torino, il santuario di Maria Ausiliatrice nel 1878.

Giovanni Bosco nel 1875,
all'epoca dell'arrivo
di Luigi Guanella tra i salesiani.

La piazza di Trinità (Cuneo)
dove nel 1876 Luigi Guanella
aprì un collegio salesiano,
che diresse fino al 1878.

A Traona nel 1878-1881 Luigi Guanella fece il primo tentativo di fondazione aprendo scuola e collegio nel convento di San Francesco; *sotto*: il chiostro.

La chiesa della Santissima Trinità ad Olmo (1056 m),
dove nel 1881 Luigi Guanella passò tre intensi mesi di riflessione e preghiera.

Veduta di Pianello Lario, sulla sponda nord occidentale del Lago di Como.
Luigi Guanella vi arrivò nel novembre 1881.

Le sorelle Bosatta: Marcellina (1847-1934), fidata collaboratrice di Luigi Guanella per oltre trent'anni, e Chiara (1858-1887), beatificata nel 1991.

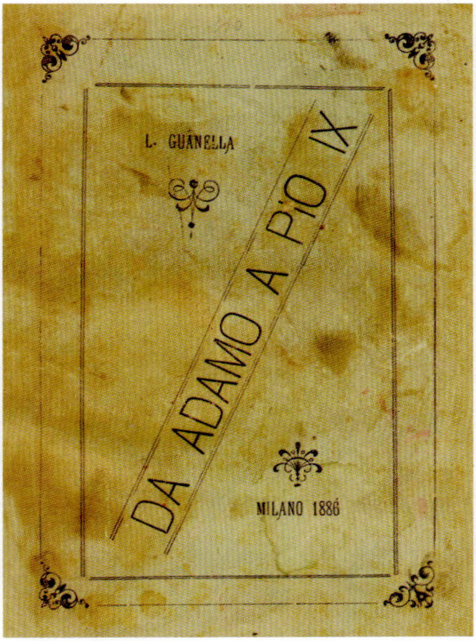

Luigi Guanella a 40 anni circa, durante la permanenza a Pianello Lario.
A destra, copertina della sua grande opera di storiografia popolare in tre volumi.

Chiesa parrocchiale di San Martino a Pianello Lario, dove Luigi Guanella fu economo spirituale per circa un decennio.

Como, primi del Novecento. Piazza Cavour
e la Casa della Divina Provvidenza con la chiesa del Sacro Cuore.

Damasco, 23-24 settembre 1902. Luigi Guanella pellegrino in Oriente e Terra Santa.
Sotto: Como, 24 marzo 1908.
Ricordo della prima professione perpetua dei Servi della Carità.

Roma, la chiesa
di San Giuseppe al Trionfale
inaugurata il 19 marzo 1912.

Como, 24 luglio 1913.
Posa della prima pietra
per l'ampliamento
della chiesa del Sacro Cuore;
Luigi Guanella è il terzo
in basso da sinistra.

Roma, 30 giugno 1914. Luigi Orione e Luigi Guanella
ritratti in Vaticano dopo un'udienza pontificia.

Como, Casa madre della Divina Provvidenza,
come oggi si estende intorno al santuario del Sacro Cuore.

Referenze iconografiche:

M. Boncompagni: pag. 2, sopra. L. Mussi / Banca Dati Sirbec: pag. 4, sopra.
Archivio Salesiano Centrale: pag. 6. SEI Editrice: pag. 7, sopra. Comune di Trinità, Cuneo: pag. 7, sotto.
Cugini Schiantarelli: pag. 12, sopra. Per le altre: Centro Studi Guanelliani.

Articolo XVI

INIZIO DEI SERVI DELLA CARITÀ

Si è detto che il sacerdote Guanella nei suoi primi anni di ministero fece la prima prova di una raccolta di giovanetti per avviarli agli studi ecclesiastici in Campodolcino, Palazzo delle Corti, in Chiavenna valendosi del frutto di una pendenza fra vari Comuni del chiavennasco sul cosiddetto *Pozzo Pasquée*. Da Savogno inviò taluni giovanotti per lo studio ecclesiastico presso don Bosco in Torino, e qualche nipote, l'attuale parroco di Carate Lario[1], e vi andò egli stesso, come è noto, e don Bosco fece proposta di mansioni importanti nell'Oratorio salesiano in pro di molti allievi e la proposta altresì di recarsi in viaggio in cerca di vocazioni religiose, proposte che poi non ottennero il loro effetto per ragioni facili ad intendersi.

Ritornato a Traona, iniziò il convitto collegiale di cui si è detto ed a Pianello Lario non volle smarrire l'ideale progetto educando qualche giovinetto della famiglia tirolese Tobia Rattin, che usa pellegrinare per vivere nel mestiere di mercante ambulante.

Il giovine Domenico Montebugnoli viveva abitualmente sotto la guida di don Guanella, benché di tempo in tempo emigrasse per altre località di terra, di mare, di nazionalità, come se ne potrebbe fare variatissimo racconto storico. Intanto a Como in via Tomaso Grossi si era avviata la casetta in favore di sacerdoti impotenti.

Don Guanella si sentiva un vuoto nell'anima che appena gli pareva di poter coprire con effettuare una scuola-ricovero per lo studio, possibilmente ecclesiastico, di giovani e di adulti che la divina Provvidenza avesse mandato. E primi furono Roncoroni e Vannoni, già accennati e che furono consacrati dal vescovo di Como, allora monsignor Teodoro Valfrè. Seguirono di tempo in tempo altre vocazioni di adulti, già interrotte per circostanze varie e che noi potremmo chiamare provvidenziali, perché è scritto che l'uomo propone e che Dio dispone, l'uomo si agita e il Signore lo guida.

Naturalmente i nuovi arrivati, per lo più da seminari e da congregazioni, per necessità del luogo povero, per volontà dei direttori, si provavano per un tempo indeterminato. Giovavano a conoscerne lo spirito le loro attitudini alla cura degli infermi, alla disciplina degli orfanelli e simili. Contemporaneamente si esercitavano nello studio di ginnasio, di filosofia, di letteratura. Aiutavano i professori Zaccaria Pozzoni – il quale terminato il ginnasio nel Collegio Gallio e trovatosi in povertà ebbe dal suo curato la seguente interrogazione: «Sai leggere? Ebbene fa il professore». E lo fu e lasciò buoni libri a stampa e morì povero fra noi a Santa Maria – il buon vecchio Guadagni[2], valente in belle lettere, il sacerdote Giovanni Giovannini, il professore canonico Carizzoni, i sacerdoti Alessandro e Alcide Valli, Lucca[3] e più altri di zelo e di carità. Dopo tali pratiche, la Provvidenza disponeva che i nostri candidati fossero ordinati per bontà dei vescovi, dopo che a Como, a Milano, a Coira, a Mondovì, a Pavia, e ben ventiquattro furono consacrati a Rovigo dopo che le Case di Como e di Milano poterono ricoverare taluni sacerdoti impotenti di quella diocesi. Il far bene ai sacerdoti vecchi e di buona volontà per la Casa della Provvidenza è sempre stata una fonte di benedizione. Alcuni sacerdoti morirono in buona età e questi si ha fiducia che siano discesi a pietra di fondazione nella costruzione dell'istituto dei Servi della Carità.

I Servi della Carità grado grado nello spazio di oltre venticinque anni rassodarono la Casa di Provvidenza a Como di trecento circa ricoverati, e di egual numero nella Casa di San Gaetano a Milano, oltre le Case di Gatteo, di Fratta Polesine, di Ferentino, del collegio di Roveredo e delle Stazioni cattoliche (missioni) nelle valli grigioni del Reno e della Bregaglia, come si dirà. Un sacerdote, Giovanni Colombi[4], passò a Chicago allo scopo di fondazione in aiuto alle suore di Santa Maria della Provvidenza. Bisognava attraversare molte difficoltà.

Questi giovani aspiranti al sacerdozio santo saranno poi chiamati da Dio? E si rispondeva: la intenzione nel riceverli ed allevarli procuriamo che sia retta sempre, e il Signore provvederà.

E se taluni non riuscissero? Pazienza, e Dio li benedica per altra via.

E se taluno salito già all'altare abbandonasse la Casa? Anche allora pazienza, e il Signore l'aiuti per salvare molte anime altrove.

Ed i mezzi economici? Se la Casa della Provvidenza è la Casa di Dio, Iddio buono provvederà. Taluni sono scarsi anche d'ingegno. Benedetto Pio X, il quale disse a don Guanella: «Voi avete bisogno più di sacerdoti di pazienza che di scienza»[5].

Tanti giovani riusciranno sì? Riusciranno no? E se no, la Casa non farebbe più male che bene? Anche questo è in mano a Dio. *Chi fa falla*, dice il proverbio, ma bisognerebbe far niente mai.

Molte difficoltà vengono da parte degli aspiranti alla Casa: «Che faccio io qui?». Fa tu quello a che Dio ti indirizza.

«Butterò via i miei anni?». Non è mai tempo o fatica buttata quando si fa per amore di Dio.

«Che diranno i miei parenti, i miei compaesani?». Fa il bene e lascia dire.

«Il tempo mi pesa da approdare alla mia meta». Ma che sono mille anni avanti a Dio? Invoca con fervore crescente l'ora della misericordia.

Ma dimostrano poi ai parenti, agli amici, ai benefattori, nel giorno sospirato di loro prima santa Messa, la vittoria dei perseveranti. I vittoriosi sono gli obbedienti: non pascere la tua vanità, che è sempre tanta.

Le difficoltà crescono agli inizi del ministero sacro, perché diceva la Margherita Bosco al suo Giovanni nel giorno preciso della sua prima Messa: «Oggi stesso per te cominciano i dolori. Nemmeno pensa alla mamma tua. Pensa al ministero tuo ed alle anime». E qui facciamo punto. I nostri Servi della Carità hanno occasione di farne l'esperienza quotidiana.

L'Istituto dei nostri Servi ha pure bisogno di giovani laici per adattarsi come fratelli parimenti religiosi all'ufficio di infermieri, di portinai, di capi officina, di provveditori e simili. Sono specialmente ricercati giovani di carità, di zelo, di abnegazione. Questi giovani sono una vera Provvidenza e l'Istituto se ne loda non poco dei loro modesti uffici. Anch'essi partecipano come agli uffici così alle cariche, e si desidera che il loro spirito sia specialmente pasciuto di pratiche sante. Sono scarsi a trovarsi, ma la divina Provvidenza non lasciò mancare giammai il necessario all'uopo.

Domanderanno parecchi: «Quel benedetto don Luigi

Guanella, dall'esordio della sua carriera fin qui, chi lo guidava?». E si risponde che tutti con preghiere e con buoni consigli, ma nessuno di proposito e particolarmente.

Come poteva allora conoscere i divini voleri? Il voler di Dio è che da tutti si proceda con retta intenzione e con cuore buono, e poi il Signore si fa intendere sufficientemente. Ma si sa che parecchi vescovi si mostrarono più contrari che favorevoli alle opere di don Guanella. Ma non mai le biasimarono apertamente o le proibirono.

I superiori hanno dovere e diritto di provare le vocazioni, come le vuole provare Iddio medesimo. Hanno diritto e dovere di esaminare e poi anche di sentenziare. E se la sentenza fosse contraria? Allora si pazienta e si prega, finché piacendo a Dio il superiore dica: «Provatevi pure a fare il bene vostro, ma a vostro carico, e se l'impresa non riesca voi ne avrete piena la disapprovazione». Che fare? Non dice il proverbio comune che *Chi non resega non fa assi*, che *Chi non risica non rosica*? Meglio è confidare nel Signore e operare il bene.

Finalmente a conforto di chi spera vengono poi le benedizioni di papa Leone XIII[6] e poi le benedizioni ampie e gli aiuti poderosi del Vicario di Gesù Cristo, Pio papa X. Chi più e meglio potrebbe desiderare? È scritto che il Signore giuoca in questo misero orbe terraqueo. A quelli che hanno percorso il cammino seguito nella costituzione dei due Istituti, pare di vedere e toccare con mano il gioco amorevole della divina Provvidenza.

Si sa che il don Guanella per più anni ha preso lezione dal don Bosco e dal Cottolengo. Or qual dei due tolse specialmente a seguire? Mi si propone un quesito difficile, perché chi può proporsi di seguire o l'uno o l'altro o tutt'e due assieme quei due sommi? Si sa che il Cottolengo è un miracolo continuato e crescente, il quale colla parola e col fatto segue l'invito di Gesù Cristo: «Cercate anzitutto il regno di Dio e la perfezione che è Dio stesso, e poi tutto ciò che vi abbisogna per la persona vostra vi sarà dato come per giunta». Pregare e poi confidare in Dio e più nulla domandare, questa è perfezione altissima e il Cottolengo crebbe ad una piccola città di settemila poverelli, oltre molte Case succursali, ed è spettacolo di meraviglia agli uomini ed agli angeli stessi. Il don Bosco poi, collo invito di Gesù che dice: «Imparate da me che sono mite ed umile di cuore», suonò trombe e tamburi. Guadagna i cuori a sé e si aggira intorno al mondo tutto, e con altro miracolo di zelo apostolico trae i cuori degli uomini e dice: «Fate anche voi la carità ai poverelli di Gesù Cristo, e Gesù Cristo vi sarà amico e protettore».

Lo spirito del venerabile Cottolengo e lo spirito del venerabile don Bosco sono ambedue ammirabili e prodigiosi. Segue ciascuno lo spirito proprio che è il soffio divino, il quale soffia come vuole ed a chi vuole i carismi della sua divina grazia. Il cardinale Svampa che in Bologna presiedeva al primo Congresso dei Cooperatori salesiani predicava: «Guai al Cottolengo se segue lo spirito di don Bosco e guai a don Bosco se segue lo spirito del Cottolengo. *Spiritus ubi vult spirat*»[7].

E don Guanella a quale spirito si attiene? Sarebbe presunzione pronunciarsi. Il signor cardinale Andrea Carlo Ferrari ponendo confronto fra due istituti di Milano conchiudeva: «Mi piace il don Guanella perché riceve semplicemente quello che gli danno». Lo spirito dunque di don Guanella non ha del sublime del Cottolengo ovvero del prodigioso di don Bosco. Le minime opere della

Casa della Divina Provvidenza strisciano come vermi terra terra mirando quei due sublimi voli di aquila e seguono tapinelle il cammino proprio sotto la guida della divina Provvidenza.

Articolo XVII

NEI CANTONI SVIZZERI GRIGIONI E TICINO

Le opere si concepiscono in una idea generale, si discorrono in punti più vicini e poi si fanno di presenza e di fatto.

Quando fanciullo il giovinetto Luigi Guanella vedeva il proprio parente sacerdote Gaudenzio Bianchi, prevosto di Campodolcino, cercare aiuto per impiantare in Andeer una Stazione cattolica, allora pensava di lontano: «Che bella cosa!». E quando in casa la buona mamma alloggiava qualche protestante che l'indomani avrebbe valicato le Alpi per recarsi nel proprio villaggio di Cresta[1], il più alto villaggio d'Europa, ripeteva: «Che pietà fanno quei luterani che sono partiti dalla vera Chiesa loro madre!». E quando come parroco in Savogno ospitava qualche protestante che parimenti valicava di là le Alpi, ripeteva loro: «Ritornate alla Chiesa madre», e accomiatandoli ripeteva: «Non tardate ritornare alla madre comune, la Chiesa di Roma».

Il padre del giovinetto Luigi, il cognato Sterlocchi e più altri, per ragioni di commercio e di trasporti di merce, avevano continue relazioni coi Grigioni, ed anche con Val di Bregaglia da Chiavenna ne avevano parenti, amici e parrocchiani, e allora si pensava: «Perché relazioni intime per le cose temporali e sì poche per la salvezza delle anime?».

Ed ai parrocchiani di Savogno e di Prosto raccomandava don Guanella: «Non lasciatevi convertire dai protestanti, ma i protestanti convertite a voi». Pellegrinando poi qualche volta per la Svizzera, tosto intavolava discorsi di religione ma gli si rispondeva dal Maloja e da altrove: «Chi fa bene trova bene: noi cerchiamo di far male a veruno». In questi tratti della vita giovanile mi pare di scorgere un lontano concepimento di idee, primo passo che conduce naturalmente il discorso al secondo, per portare qualche sprazzo di luce nelle oscurità del Protestantesimo.

Durante gli studi filosofici e teologici il Guanella trovava diletto nel confutare gli errori protestanti e durante i mesi di vacanza scorreva anche volumi poderosi per lettura e studio. Finché la divina Provvidenza condusse all'atto pratico di fare. Nell'anno 1897 l'amico e benefattore nostro il signor medico Luigi Fezzi[2] esortò don Guanella di recarsi per un mesetto sulle alture di Montespluga a fine di consolidare la convalescenza per una pleurite patita. Un giorno, giunto solo sul valico delle Alpi e viste giù le valli e i monti severi di Val di Reno, recitò da solo qualche Rosario e preghiere per la conversione di quei fratelli, e giorni di poi discese e conchiuse coi signori Giuriani, Tognoni, nostri di Val San Giacomo, Pallavicini di Milano, nonché col signor Trepp, assuntore dell'albergo *Bodenhaus*[3], la costruzione di una chiesa cattolica in Splügendorf, a terminarsi possibilmente nel medesimo giorno di san Vincenzo del venturo anno. E così si fece perché ai primi di maggio il don Guanella col buon amico e benefattore capomastro Antonio Annoni valicò le Alpi ancora ingombre di neve e pose le fondamenta della nuova chiesa che poi si inaugurò alla Natività di settembre, presente il vescovo di Monaco di Francia e il vicario generale di Besançon[4].

Certo Anzi, nipote del nostro celebre lichenista Martino canonico professor don Anzi, era cantoniere alla stazione del Rodolfo presso il giogo del monte Spluga[5]. La moglie, comproprietaria con due sorelle della piccola osteria a Splügendorf[6] dove si raggiunge la salita, era caduta in tanta miseria di malattia e di abbandono, che raccolta nella Casa della Provvidenza a Como ivi venne assistita e battezzata sotto condizione; morì anni di poi. Questo buon atto di carità fruttò la cattolica Stazione di Splügendorf. Perché, come si è detto, don Guanella pose le fondamenta e terminò la chiesa ivi, e della casa già osteria pensò farne acquisto totale dalle due sorelle e comperare poco terreno e stalla ivi, e così costituire una villetta nella quale si accomodarono poi una dozzina di letti allo scopo di asili climatici.

Gli asili climatici ebbero la seguente origine. Si voleva fare un po' di bene nel paese natio Campodolcino per impedire un po' di emigrazione e per occupare specialmente le giovani del luogo e circonvicini in qualche esercizio di lavoro, e a tale scopo si formò un comitato ossia consorzio di uomini residenti a Campodolcino ed a Milano, con dei sacerdoti pure del luogo residenti per lo più a Como. Con indirizzo del dottor notaio Paolo Zerboni di buona memoria si costituì un capitolato che tutt'ora nelle mani di parecchi si trova, nel quale si costituiva don Guanella colle suore della Provvidenza principale attore.

La cosa si iniziava col lavoro di merletti di Cantù, con quello di cappelli di paglia e come meglio. Si fornì il Palazzo alle Corti col necessario corredo e si aprì un asilo climatico ad uso estivo di pie persone in favore della cosiddetta Opera di Sant'Antonio. Ma dopo qualche anno, per maneggio di persone d'altro sesso, la direzione cadde in mano del parroco locale sotto il quale l'Opera di

Sant'Antonio decadde mano mano, fino a rimanerne oggi poche vestigia. Il don Guanella aveva ritirate le suore. Ma l'opera degli asili climatici si riaprì a Splügendorf, ad Andeer, nonché a Promontogno ed in altre Case come a Roveredo, Capolago, Menaggio. Ma il guadagno per il trasloco delle suore poco compensava le fatiche, sia dal lato economico che dal lato morale. Onde si smise in più luoghi tale pratica.

Ma vige florida nelle stazioni alpine di Promontogno e di Vicosoprano. Aiutò molto il fatto seguente. L'Istituto Grimm di Milano mandò le sue allieve per cura di salute a Promontogno, e poi bramò fabbricare vasto edifizio detto *Villa Pia* e *Villa Lodovica*[7], d'accordo con don Guanella. Diede impulso a ciò la magnifica e monumentale chiesa di San Gaudenzio che si era fabbricata ivi.

Don Guanella in valicare il Maloja col signor capomastro Annoni e col signor ingegnere Sartirana, da più anni veniva visitando i ruderi della chiesa ed abbadia di San Gaudenzio[8] sopra Casaccia e venne il momento di porvi mano, e con sforzo perseverante, o meglio con Providenza sensibile, si poté terminare quella chiesa che è una delle più belle nel Canton Grigioni e nella Valtellina. Il Santo Padre Pio X regalò un ampio e artistico ciborio in marmo. La *Villa Pia* in ogni anno per la stagione estiva ospita ivi non poche notabilità, che continuano le decorazioni del tempio santo. Il vescovo di Coira, Schmid von Grünek[9], dopo la Riforma fu il primo a visitare la valle e amministrare la Cresima in essa chiesa, con specialissimo gaudio dei cattolici ivi soggiornanti. Il prelato se ne partì pure altamente soddisfatto. Il sacerdote Giovanni Colombi, che dirigeva la missione, era partito per aiutare altra fondazione negli Stati Uniti a Chicago. Era poi venuto, mandato dalla Casa Divina Provvidenza, il sacerdote Samuele Curti[10], che con buone speranze tolse ad amministrare la missione ivi.

Il vescovo di Coira monsignor Battaglia[11] fu assai benevolo con noi nelle opere che si intese aprire nei limiti della sua giurisdizione. Schietto e buono come sempre, disse a principio: «Se fabbricate una chiesa a Splügen io vi do 3000 franchi, veniteli a prendere quando volete». Poco dopo soggiunse: «Mi consola il pensiero che nei primi anni di mio vescovado quasi non era valle che possedesse chiese cattoliche, ed ora a provvedere non mi rimane che la Valle Bregaglia». Al quale rispose semplicemente don Guanella: «Mi permetta a me stesso di farne le prove e mi benedica». Ed il vescovo: «Vi benedico voi, e benedico ai 7000 franchi che io vi darò per aprire una missione in Valle Bregaglia».

Nello intermezzo fra Splügen e Bregaglia, il parroco di Roveredo Schnüriger[12] fece molte istanze perché in Roveredo si mandassero due suore per un asilo. Desso ci aprì via in casa propria e poi nella casa del cappellano, dove la signora Scalabrini[13] ci diede l'uso gratuito di una casa contadina che si riattò alla meglio, e là si incominciò anche il ricovero per vecchi ed impotenti. Il medesimo parroco poi si presentò alla Casa della Provvidenza e interpose anche monsignor Valfrè, vescovo di Como, dicendo: «Da circa quarant'anni esiste una Casa collegiale per insegnamento[14] ai giovani di Mesolcina, del Ticino ed anche della Svizzera tedesca. La istituzione ha costato immensi e continuati sacrifici ed ora decade. Accorrano per carità i sacerdoti di don Guanella per sostenerla, che io pure apporrò ambedue le mani mie». Il vescovo di Coira alla sua volta rispose: «Provatevi, ma sarà tempo e denaro sprecato. Nelle attuali circostanze non può sussistere un collegio nella Mesolcina». Si provò adunque, e anni di poi si celebrò il cinquantesimo della sua fondazione non più nei locali angusti di Sant'Anna presso il santuario, ma nel miglior palazzo, già Schenardi, di Mesolcina; palazzo che si ampliò ad uso collegio con varie dipendenze al limitare di un vasto terreno prativo e vitato, con stalle e fienili ad uso svizzero[15], capace il collegio, che è sempre al completo, di settanta persone, per lo più collegiali nei corsi elementari, tecnici e ginnasiali.

Il ricovero fu ampliato anche quello. Vi si edificò ampia chiesa interna e in giro vasti fabbricati con varii riparti di cortili, e si fece pure acquisto di altra casa rustica e di terreni prativi per alimentare delle mucche ad uso dei poveri ricoverati, che ben curati e ben nutriti in numero di un trecento percorrono in pace gli ultimi giorni del loro vivere e si preparano alla morte del giusto. Vi è pure una sezione per bambini orfani della più tenera età educati da una suora maestra svizzera. Nel centro del paese si continua l'asilo aperto nella casa del cappellano; fu poi trasportato alla destra del fiume Moesa e poi alla sinistra del medesimo fiume in un vasto locale, che da stalla si ridusse a vasto locale ed arredato assai bene. Ivi i fanciulli del paese accorrono festosi, ed i genitori che tardi sì, ma ancora in buon punto hanno compreso che un asilo governato dalla carità è una provvidenza, quei genitori ne vanno spesse volte alteri negli esami di prova dei propri fanciulli.

Dai sacerdoti della Valle Mesolcina si comprese per tempo la necessità di un *foglio cattolico* almeno settimanale, per contrapporre alla stampa liberale ed irreligiosa che purtroppo invade ovunque. Il vicario Savioni[16] di San Vittore, che ha giurisdizione in tutta la valle, persuase ai parroci confratelli la istituzione del periodico *Il San Bernardino*. Il vescovo di Coira offerì una somma di fondo, forse 3000 franchi. Con questo si iniziò una tipografia che corse varie vicende e pericoli, finché fu pregata la Casa della Provvidenza in Roveredo di assumerne l'esercizio. Invero la Casa ebbe incommodi non pochi perché la tipografia si dovette trasportare da un locale di affitto nel Ricovero dell'Immacolata, e non bastò. Finalmente per darle sede propria si dovette costruire locali apposta al fianco sinistro del Moesa, sempre sotto direzione dell'ingegnere Francesco Rusca[17] di Bellinzona, carissimo patriarca e quasi padre nelle opere della Casa Divina Provvidenza in Roveredo. Così l'esercizio tipografico che era in mano alle suore passò definitivamente in mano ai Servi della Carità del Collegio Sant'Anna. Il periodico *Il San Bernardino* continua sotto la responsabilità del primiero comitato che lo costituì.

Nella Valle Mesolcina da anni parecchi stava la parrocchia di Lostallo relativamente popolosa senza parroco. Vi suppliva alla meglio il direttore del Collegio, finché si provvide col Servo della Carità Giovanni Calvi[18] in residenza continua, e vi opera il bene ristaurando la chiesa della parrocchia e ristaurando in Cristo pure le anime di quella popolazione valligiana. Senonché nelle opere accennate si avvera la sentenza del Divin Salvatore, della messe che è molta e degli operai che sono sì pochi. Preghiamo pertanto il padrone della messe che mandi degli operai nei campi a mietere.

Non pochi potranno domandare: e i mezzi per costruire e per condurre le opere? Si risponde sempre che il Signore vede lui e provvede. Sono comuni nelle Case nostre le coroncine che cominciano: «Provvidenza di Dio, provvedeteci voi», «Cuor di Gesù, pensateci voi», eccetera eccetera, e il Signore che vede, egli provvede. Le popolazioni all'intorno, non escluso Roveredo, non si direbbe che comprendono guari l'efficacia di queste opere di carità ma, nel caso pratico e per singoli, gli abitanti dei due Cantoni Grigioni e Ticino non respingono l'obolo che una volta nell'anno si domanda alla loro porta e sono pure generosi in corrispondere agli uffici pietosi che loro si usano nei giorni di malattia.

Si ha cura da ognun di noi di far bene a tutti e male a nessuno, senza impegnarsi nelle lotte politiche. La politica nostra si sforza imitare quella di Pio IX quando diceva: «Se i grandi del mondo hanno la loro politica, anch'io ho la mia: *Pater noster qui es in coelis*, e non dubitate che questa politica certamente trionferà». Tale è l'indirizzo che noi in ogni opera nostra vorremmo tenere. Ce lo perdoni il Signore e lo perdonino i benevoli nostri se qualche volta e per particolari circostanze difficili la natura umana non valga a comprimersi. Confortiamoci in quello che dice il Signore: «Risentitevi pure ma non vogliate far peccati». Ne conceda il Signore un raggio della mitezza ed umiltà del divin Maestro Gesù Cristo. Un grado di fervore di quei santi personaggi che seppero colla bontà guadagnarsi il cuore degli uomini.

E così dal Cantone Grigioni passiamo al Cantone Ticino. A Capolago il giovine avvocato Luigi Rossi[19] invitato alla presidenza del Cantone in Bellinzona rispose: «Per amore di Dio e della patria assumo l'ufficio, ma prevedo che per amore di Dio e della patria ben presto morrò», e fu assassinato come ognun sa nel 1890. Al mattino seguente la madre, unica superstite, appena ne ebbe la notizia rispose con fede: «Sia fatta la volontà di Dio: mi affretto alla chiesa per ricevervi la santa Comunione e pregare per il figlio e per gli uccisori di lui». Volle poi costruire un artistico oratorio e insediare nella casa preparata per il figlio un asilo infantile, che dato in proprietà e direzione alle Figlie di Santa Maria della Provvidenza vi aggiunsero ampliamenti e restauri varii, e vi inserirono pure un ricovero femminile che è sempre al completo. Si fece altresì acquisto di un terreno dove si chiude il lago allo scopo di trasferirvi l'impianto più comodo, ma rincresce sempre staccarsi da un martire della fede e della patria e da una madre intrepida e forte come la donna di cui parla la *Sapienza*[20].

Nel Canton Ticino si sono avuti inviti parecchi di asili, di una chiesa a Lugano, di un ricovero a Locarno e più altre domande cortesi, ma rincrebbe che per mancanza di personale non si abbia potuto aderire se non alla direzione di un asilo a Cadro e di un gruppetto di suore per il servizio del seminario diocesano. La domanda di suore per asilo, per ricovero, per ospedali, indica nella società ticinese il bisogno sentito di un non so quale rinsavimento e il bisogno di un ritorno all'antico, per seguire l'invito che Pio X al primo apparire sul soglio pontificio proclamò: il bisogno di *instaurare omnia in Christo*[21]. Il Canton Ticino, Lugano e Capolago in ispecie sono stati due vasti focolari della insurrezione che poi si estese nella Italia e nelle nazioni vicine contro la Chiesa e la società. Piaccia al cielo che di fronte al monumento della Libertà di pensiero sorgano monumenti assai della fede e della carità cristiana.

Articolo XVIII

DA COMO A MILANO

Milano, la capitale morale, fu da lunghi anni nella mente e nel cuore di don Guanella. Quando, scacciato dalla sua patria, venne per recarsi a Milano, come si è detto, osò contrattare un terreno dove sorge ora il tempio monumentale del *Corpus Domini*[1], e allora la famiglia Paravicini, di Morbegno e di Traona stessa, avrebbe dato il terreno per una lira al metro. Ritornò di poi il Guanella dopo qualche mese e gli fu risposto: «Adesso quei terreni valgono almeno 7 lire il metro». Oggi giorno i proprietari risponderebbero: «Ora quei terreni valgono più che 100 lire per ogni metro quadrato».

A quell'epoca si smise dunque ogni pensiero e si ritornò alla parabola del grano di senape, e forse una dozzina d'anni di poi si pose piede con due suore nella via Saronno di Milano[2], in prossimità dei pozzi neri ivi.

E il permesso del superiore ecclesiastico? Qui conviene fare un po' di digressione.

Il don Guanella, immerso nei pensieri delle sue fondazioni, non aveva guari tempo a studiare i doveri ed i diritti dello *jus* canonico. Facciamo il bene, che ne è così grande il bisogno. Chi baderebbe a due pie donne, quasi monachelle che si insediano oscuramente? E poi il cardinale arcivescovo Ferrari, già vescovo di Como, ben conosceva la Casa e le opere. Quando la fondazione attecchisse si sarebbe domandato. Nelle opere buone basta che il superiore legittimo apertamente non contradica. Una spanna di terreno per seminarvi un grano di senape trova posto specialmente negli immensi terreni di una capitale. Don Guanella aveva studiate le opere di don Bosco e del Cottolengo in una città capitale. Come non poteva concepirne segni di santa invidia? La divina Provvidenza, lo sappiamo noi quello che sarà per volere da un'opera incipiente?

Certa suora Fusi[3] da Musso, rimandata da monsignor Comi[4] prevosto di Sant'Ambrogio, superiora delle suore Orsoline ivi, venne a picchiare alle porte della Casa della Provvidenza in Como, dove accettata divenne la pioniera per diverse fondazioni, onde il prevosto Comi ebbe a confessare: «Avevamo un tesoretto e non l'abbiamo conosciuto». La inviata dalla divina Provvidenza per le opere di Milano fu la maestra suora che fondò gli asili prima in via Saronno, poi in via Ravana, indi in via Lecco, indi in via Cappuccini, dove si congiunsero le prime prove di ricovero. Si diresse poi anche l'asilo in via ... dove la suora Luigia Dell'Acqua[5] lavorò tanto e predisse il giorno di sua morte e volò al cielo lasciandone eredità di preziose virtù religiose.

Si venne più tardi in affitto nella casa Lanzani dove ora è l'Istituto di San Gaetano e poi finalmente si pensò all'acquisto della Casa Ecclesiastica, che dipendeva dai sacerdoti vecchi ed impotenti ivi raccolti. L'acquisto avvenne così. Il molto reverendo padre Beccaro[6] ne trattò primo la compera per la quale si domandavano 160 mila lire. Padre Beccaro se ne ritrasse. Incontratosi per caso il don Guanella con il canonico don Ambrogio Belgeri[7], membro della Commissione della Casa Ecclesiastica, domandò al don Guanella se voleva acquistare il locale di quella Casa. «Sì – rispose il don Guanella – ma io non voglio dare più che 100 mila lire».

«Le avete da versare?».

«Pensate che è pur terra, e di terra se ne trova...». Fu conchiuso il contratto per 110 mila lire. Don Guanella raccolse dalle diverse fondazioni, con stento, moneta per circa 3000 lire e si apposero le firme di contratto. Mesi di poi, verso Natale[8], la signora maestra Maria Tognoni vi entrò queta queta colle sorelle[9].

Il prevosto di San Gioacchino don Biraghi[10] domandò alla monachella piccola e gibbosa: «Siete entrata, ma l'avete pagata la casa?». E la monachella semplice e fidente rispose: «Lo sa il Signore che siamo sue figlie ed egli provvederà». Sorrise il buon prevosto, altro membro della Commissione, e conchiuse: «Continuate, continuate». Mesi di poi due coniugi Rovida vennero qui a ricoverarsi portando discreta somma e furono pagate circa 30 mila lire. Pia signora lasciò altre 40 mila e così la casa in tempo non lontano si terminò di pagarla.

Intanto si avvicinava il centenario di sant'Ambrogio il Grande[11]. Si pensò: sant'Ambrogio è il grande amico dei poveri, non vedrebbe bene che si allungasse questa chiesa da lui fondata[12]? E non vedrebbe bene e non anche aiuterebbe l'estensione di locali per i suoi poveri? Intanto prime ad inaugurare le feste centenarie furono le suore, che ingrandirono di un terzo la chiesa e che proseguirono a pregare per l'ingrandimento della già Casa Ecclesiastica, casa che poi per consiglio dal signor cardinale arcivescovo Andrea Carlo Ferrari fu chiamata Pia Casa dei Poveri. Seguirono le feste ambrosiane. L'eminentissimo cardinale fra le chiese da visitarsi dai pellegrini accennò pure a questa di Sant'Ambrogio ad Nemus, e così la chiesa divenne meta di pellegrinaggio sacro. Il convento poi, che nel decorso anno il Regio Ministero dichiarò monumentale unitamente alla chiesa, divenne ospizio in favore dei pellegrini i quali qui trovavano ospitalità cordiale. In questa circostanza del centenario si studiò per quanto si poté per dare alla stampa notizie della chiesa e del convento, una vita illustrata di sant'Ambrogio e più altre memorie, perché i pellegrini ne avessero in copia memorie delle feste centenarie e molti in genere edificazione. Tutto questo servì a risvegliare alta la venerazione per sant'Ambrogio e viva la venerazione per i figli di sant'Ambrogio, perché i religiosi fondati da lui, e chiamati poi ambrosiani, si sa che bene spesso avevano qui il loro fondatore e padre, e non è inverosimile che qui dimorasse un tempo considerevole per scrivere i volumi di sapienza che poi lo fecero Padre e dottore di santa Chiesa. Queste care memorie furono poi con molta accuratezza raccolte, studiate, ampliate dal Servo della Carità Giacinto Turazza in volume edito nel corrente 1914 coi tipi dell'Istituto di San Gaetano[13], che è di fianco alla Pia Casa dei Poveri. Durante le feste si rassodò il proposito per estendere la Pia Casa dei Poveri e vi si diede mano in modo provvidenziale.

Abbiamo accennato al signor capomastro Antonio Annoni. E questi ben presto comprese ed abbracciò l'idea nostra e, come si disse, parlò con franchezza e bontà così: «Confidate in me e lasciatemi libero per camminare innanzi, ed io farò grande il convento ospizio di Sant'Ambrogio ad Nemus». Il signor ingegnere Luigi Casati[14] ne tracciò il disegno che il signor Annoni eseguì nello spazio di anni due, e così estese costruzioni cantinate a tre piani per il ricovero di altre duecento orfanelle e vecchie, figlie povere del popolo. Vi aggiunse grande lavanderia

De Bernardi, locali modello di chirurgia, e ridusse pure parecchi locali del vecchio convento per uso del ricovero che si estendeva più più, ed era sempre al completo.

Si trovava la necessità di pensare al ricovero dei figli e dei vecchi poveri del popolo che i Servi della Carità avevano cominciato a ricoverare nella Casa maggiore di Como. Si era preso in affitto la maggior parte dei locali di casa Lanzani, locali estesissimi in uso di filanda e poi delle Aste Dorate[15]. Accadde che il locale venisse in vendita per fallimento. Comperarlo sarebbe stato impresa quasi impossibile per mancanza di mezzi. Ma il signor Annoni provvide alla maggior parte delle pratiche costruendo un grosso mutuo sulla Cassa di Risparmio di Milano e così i Servi della Carità entrarono in possesso dell'intero fabbricato, distinto in due vasti quadrati di cortile. Vero è che nel piano regolatore della città si segnava la distruzione della maggior parte dei fabbricati esistenti, ma si rifletteva che la Provvidenza vi avrebbe pensato, e intanto trecento cuori di fanciulli e di vecchi che avrebbero di continuo pregato chiamerebbero gli occhi pietosi del Padre celeste sopra i ricoverati e le abitazioni loro.

Si attende la vendita; da qualche tempo si fecero anche pratiche ma *in poco d'ora Iddio lavora*. La Provvidenza di Dio altissimo non è giusto che sia prevenuta dall'uomo, ovvero dallo stesso di troppo sollecitata.

Il nostro buon benefattore Antonio Annoni nel rincasare fu colto, come si disse, da sincope che in brevi giorni lo condusse al sepolcro. Don Guanella era assente, a Roma, non poté trovarsi presente che ai funerali. La Provvidenza poi dispose che quanto meno poté per il padre, tanto più gli si offrì di fare per la figlia Carolina, la quale colpita da lunga e penosa malattia poté avere anche dal Santo Padre il privilegio insigne della santa Messa in camera attigua a quella dell'inferma anche più volte in ogni settimana, finché morì nel bacio del Signore il dì 6 marzo 1914.

In aiuto alla Pia Casa dei Poveri sorse il Pio Consorzio[16] di signore e di signori benevoli all'opera, i quali si offrono di versare l'annualità di 5 lire, e questi sono i socii effettivi, di versare una qualsiasi somma altra, e questi costituiscono i socii benemeriti, e tutti poi ed ognuno di essi porgono altresì l'aiuto morale di aiutare e fare aiutare l'opera, tanto in vita che in morte, dai propri conoscenti e benevoli. L'iniziatore di questo consorzio fu il degnissimo canonico Carlo Brera[17], il quale non venne meno mai alla benevolenza ed alla cooperazione costante in aiuto della stessa pia opera. Per questo e per altri modi la divina Provvidenza diresse benefattori, i nomi dei quali a perenne ricordo di preghiera e di suffragio si iscrivono su lapide marmorea nei portici monumentali della Casa-ricovero. I socii del Pio Consorzio godono i vantaggi spirituali delle preghiere e del merito delle opere buone che si compiono nelle opere tutte della Casa della Divina Provvidenza.

Veduta la buona riuscita del Pio Consorzio in Milano, lo si estese anche a Como in favore anche di quelle Case, e raggiunse in breve il buon numero di circa settecento soci per i quali, come a Milano, si fanno conferenze mensili e talune straordinarie annuali per tenere congiunto e animato il gruppo degli associati. Il medesimo Pio Consorzio si iniziò pure a Roma, ma con poco frutto fin qui.

Questi Pii Consorzi ove possono avere vita florida e continuata sarebbero destinati a compiere almeno in parte l'ufficio e il vantaggio dei Cooperatori salesiani, i quali con metodo semplice furono da Dio benedetti a sviluppare le opere loro e congiungere i due mondi dell'Europa e dell'America in aiuto alle opere di don Bosco.

Un fatto importante è qui da rilevare. La generalità dei cittadini ha considerazione alle opere che sono costituite in ente morale e ne ha tanto meno per le opere che per ragionevoli motivi e in forza della propria costituzione conservano autonomia propria.

Giova qui ricordare che il Santo Padre Leone XIII raccomandava in ispecial modo alla considerazione ed all'appoggio pubblico le opere autonome, e ciò per ragioni facili ad intendersi: perché tali opere sciolte dai molti legami possono camminare più libere nello spirito di sacrificio, più efficaci nell'energia delle proprie forze. Ogni persona di giudizio imparziale può su questo pronunciare sicuro il proprio giudizio.

Sua Eminenza il signor cardinale Andrea Carlo Ferrari visita la Pia Casa dei Poveri e l'Istituto vicino di San Gaetano e vi sparge la soavità di sua parola e getta sprazzi di luce e calore di quell'apostolico fervore che sempre lo invade.

Raro è che le suore della Casa stendano la mano per l'obolo della carità, ma se qualche volta avviene i buoni milanesi corrispondono con animo buono e generoso.

Articolo XIX

A TRECENTA

Trecenta è una parrocchia popolosa ma invasa sgraziatamente dal socialismo che vi predica da lunga pezza il socialista medico condotto[1] del luogo. Il socialismo minaccerebbe di radere ogni sentimento di fede e soprannaturale.

Certo Tullio Bellini[2], cristiano di antico stampo, dopo molte insistenze ottenne il servizio delle suore della Casa Divina Provvidenza per la direzione di asilo infantile, d'una scuola femminile di lavoro ed insieme di un oratorio festivo pure femminile. Il reverendissimo arciprete don Secondo Porta, di Villanova al Ghebbo, offrì una discreta casa[3] allo scopo, ma poco stante il signor Tullio offrì un discreto terreno ed allora si pensò di vendere quella prima casa per fabbricarne altra maggiormente ampia ed adatta per le opere in discorso. Vi si aggiunse poi l'opera di ricovero per una quarantina di miserelli che vi si affollano dai paesi in contorno.

A sua volta il signor Tullio dispose un più ampio locale ad uso di asilo, di scuole, di oratorio festivo. Nonché d'un oratorio di mirabile divozione ad onore della apparizione della beata Vergine di Lourdes.

Popolarissima è divenuta la festa della prima apparizione agli 11 di febbraio. Vi si premette un triduo di predicazioni e nel giorno della festa vi si compiono funzioni di pietà con numero grande di sante Comunioni. Nel pomeriggio poi vi si aggiunge una pesca di beneficenza a favore dell'opera.

L'opera di Trecenta promette assai bene e lascia a sperare un principio di risorgimento della fede in quella località.

Articolo XX

A SAN CASSIANO DEL MESCHIO

Quel buon arciprete Luigi Pozzobon[1], di molta energia e di molto buon cuore per i suoi parrocchiani, fu parte principale nella erezione del Ricovero Pio X e asilo unito, con scuole di lavoro e con oratorio festivo. Si posero le fondamenta nel 1903 e prese buon avviamento. Ma stante la distanza dalla Casa madre e la influenza che nel frattempo si insinuò non affatto coerente all'indirizzo delle opere della Casa Divina Provvidenza, incontrò disturbi ed impedimenti che in parte incepparono il buon proseguimento.

Questo, come si è notato altrove, è lezione che deve mettere in accorgimento le stesse parti interessate.

Articolo XXI

A GATTEO

Le domande si aggiungevano per raccogliere anche delle opere già iniziate.

Una fra queste è la Pia Opera dei Fanciulli Poveri in Gatteo di Romagna. Il sacerdote Luigi Ghinelli – del quale poi si diede a stampa la *Vita*[1], facile a leggersi da ognuno – animato di intensiva carità, di pazienza e di zelo, continuava da parecchi anni il patronato di 33 fanciulli poveri in ossequio ai 33 anni di età di Gesù salvatore. Sostenne prove non piccole e non passeggere finché venne in aiuto il soccorso delle nostre suore e dei nostri sacerdoti, benché incontrassero avversità e contraddizioni anche da parte di altre influenze. Questo ci persuadeva sempre più che le opere di Dio sono a guadagnarsi mediante i meriti di fede, di pazienza, di sacrificio. Ne abbiamo avuta continua la esperienza che le opere di Dio devono avere per base il patimento.

Il sacerdote Ghinelli dopo alcuni anni di nostra assistenza cadde gravemente ammalato e dopo una malattia lunga e tormentosa spirò nel bacio del Signore, lasciando eredità di sante virtù. Lasciò erede monsignor Bassi, vicario generale di Cesena, già parroco di Gatteo[2], che dopo qualche anno alla sua volta si intese colla Casa Divina Provvidenza. Al locale dei Fanciulli Poveri si poté aggiungere un locale per vecchi ed altro locale per vecchi ed infermi, ed altro locale separato per donne vecchie con un comparto per le suore della Casa Divina Provvidenza chiamate per assistere in varii uffici.

Molta parte degli uomini di Gatteo gustarono da fanciulli l'educazione del patronato e ne ebbero frutti di fede e di progresso famigliare.

Direttore ne è il sacerdote Martino Cugnasca, licenziato in diritto canonico, scrittore e direttore del periodico trimestrale[3] destinato, colla divozione del Pane di sant'Antonio e del Sacro Cuor di Maria, a procacciare il pane quotidiano del corpo e dell'anima a quei cuori che abitano negli ospizi accennati.

Al don Guanella parve sempre opportuno e doveroso ai cristiani di fede il pubblicare gli atti virtuosi straordinari e per lo più eroici di quei cristiani i quali furono luce e fiamma nel cammino della perfezione. Piacque pertanto al don Guanella di raccogliere fiori di virtù e darli in luce sulla vita e sugli esempi santi di don Luigi Ghinelli. Un nostro sacerdote, Filippo Bonacina[4], lo assistette nella dolorosa malattia. Desiderava vivamente la presenza di don Luigi Guanella, ma non poté averla perché ammalorato egli stesso nella sua residenza a Como. È affatto raccomandabile la biografia edita coi tipi di quella tipografia di Gatteo, messa in bella copia dal nostro sacerdote Leonardo Mazzucchi.

Articolo XXII

A ROMA

Desiderio del don Guanella era di recarsi a Roma, e tante volte[1]. Quando stando in Pianello Lario il sacerdote predicatore don Luigi D'Antuono[2], i coniugi Bernardo e Sofia Calvi gli vennero a dire che bramavano recarsi a Roma, ma non avevano compagnia. Ai quali rispose D'Antuono: «Subito fatto; lor due ci mettono la materia e don Luigi ci metterà lo spirito». Stentarono a penetrare la cosa e al domani ritornarono da Dongo per averne spiegazione, e così fu concluso il primo viaggio di don Luigi a Roma.

Un secondo viaggio fu concluso colla spesa di 80 lire col soggiorno di otto dì. In questo il don Guanella spiava se mai avesse potuto insinuarsi con qualche fondazione nell'Alma città, ma fu invano perché sebbene vi fosse stato presentato da certa suora Rossi[3], sorella del sacerdote Rossi morto tra noi, il cardinale Parocchi[4] rispose che non si dava luogo a nuove congregazioni nella città di Roma, e così si tirò innanzi qualche anno.

Articolo XXIII

IN TERRA SANTA

Intanto don Guanella si rese pellegrino in Terra Santa e gli sarebbe stato offerto terreno e fabbricato e patrimonio da un vescovo dell'America meridionale[1] per istituire una fondazione di suore per custodire il sacro suolo chiamato *Hortus conclusus*, fuori Betlemme ed oltre le Vasche di Salomone. Avvennero dei malintesi, non prestò facile fede al relatore benché ve ne facesse replica anche dopo il ritorno e così la fondazione venne alle mani delle Suore dell'Orto fondate dal vescovo Gianelli[2] di santa memoria, e così invece delle *guanelline* vi andarono le *gianelline*, che speriamo facciano un bene grande per il decoro dei Luoghi Santi e per il bene delle anime nella Chiesa del Signore.

Articolo XXIV

NEGLI STATI UNITI

Il don Guanella aveva intrapreso il viaggio di Terra Santa per una prova se mai Dio lo volesse là con un ramo delle sue fondazioni. Ma piacque al Signore di fargli ripassare indi a qualche anno un mare maggiore, l'oceano Atlantico, per le fondazioni di Asilo-ricovero negli Stati Uniti, a Chicago. Intorno a questa fondazione uno può ripassare quanto se n'è scritto nella *Provvidenza* di esso viaggio[1].

In questo momento giova rimarcare la nostra gratitudine per l'opera scalabriniana che ne prestò speciale aiuto.

Chi l'avrebbe detto! Don Luigi Guanella più d'una volta aveva fatto dimanda allo Scalabrini, priore di San Bartolomeo, perché gli procurasse un posticino per fare un po' di bene nella città. E gli rispondeva lo Scalabrini celiando: «Tu sei troppo rivoluzionario». Ma il don Guanella, ricordando questo allo Scalabrini in Roma qualche mese prima della sua morte, ebbe lo Scalabrini a conchiudere: «Siamo tutti burattini della divina Provvidenza: lasciamoci muovere da lei e facciamo quel bene che ci è possibile».

Articolo XXV

MEZZI DI PROVVIDENZA

La massima fondamentale delle opere di Provvidenza è di accertarsi che la divina Provvidenza voglia da noi un'opera. Il modo di accertarsi è il seguente: concepire l'idea dell'opera, seguirla man mano finché l'idea si chiarisca in noi nelle sue parti, nella sua formazione, e apparisca agli occhi dell'intelletto ed agli affetti del cuore come opera compiuta. Né contenti a ciò, nel porre mano all'opera bisogna essere guardinghi nel cominciare e farne un esperimento in proporzione che persuada l'effettuazione secondo i mezzi che si possono disporre all'atto del momento. Si disponga l'opera così che da cosa nasca cosa e il Signore che vi provveda mano mano. Bisogna che in qualche modo almeno si preveda che i superiori si diporteranno almeno passivamente. Così passo a passo ci s'incammina. Si aggiunge pietra a pietra all'edificio, finché compiutolo omai i superiori ne abbiano qualche soddisfazione.

Bisogna riflettere che i superiori devono rispondere dei loro sudditi, che hanno dovere e diritto di vigilarne i passi. Bisogna avere la virtù od almeno la persuasione che non bisogna mai dir male dei superiori, perché l'autorità bisogna sostenerla, e sarebbe difetto ed anche colpa diportarsi per mezzo di infiniti lai. Quando il superiore comandasse decisamente di desistere, allora si sospenda e si preghi sempre e si faccia pregare perché il Signore illumini il superiore intorno ad un'opera che si crede di sua volontà.

I mezzi delle persone ed i mezzi materiali.

Quanto ai mezzi materiali bisogna appoggiarsi alla promessa del Signore: «Cercate prima di tutto il regno di Dio e la sua giustizia, e tutto il resto vi sarà dato come per giunta». Ricordare altresì la parabola del granello di senapa. Parimenti quanto alle persone bisogna ricordare il conforto che il Divin Salvatore dava ai suoi apostoli: «Siete un piccolo gregge, ma non vogliate temere, perché il vostro Padre celeste si è compiaciuto di darvi un regno». E quale è questo regno? È il regno dei cuori. Quando c'è un meschinello che agli occhi del mondo è privo di mezzi ma confidente nel Signore, la grazia di Dio toccherà i cuori e li invierà all'aiuto vostro.

Né in questo bisogna prendere le misure dal giudizio degli uomini, ma dalla Provvidenza di Dio la quale è padrona di scegliere lei le persone, i mezzi ed i modi che meglio le saranno per piacere. Che importa a te che a coltivare il tuo campo il Signore ti mandi strumento di ferro piuttosto che uno d'argento o d'oro! Mentre sai che gli strumenti di ferro sono perlopiù i meglio adatti. Il Signore, dice san Paolo che sceglie di preferenza *infirma mundi*, ossia le persone umili per sapienza, per età, per vigoria di corpo e di spirito, e preferisce *infirma mundi* di molta povertà ed anche di disistima comune; *infirma mundi*, perché abbiamo a persuaderci che chi opera non siamo noi da noi, ma la grazia di Dio che per somma bontà si degna di operare nell'uomo, nell'uomo nel quale la base di ogni ben fare è persuaso che sia Iddio e lui il niente, Dio perfettissimo e l'uomo pieno di difetti.

Ne verranno critiche senza misura, ma il Gersone[1] ne avvisa che le parole degli uomini sono parole d'una piuma che vola per l'aere e non d'una pietra che cade d'alto per schiacciare. Le parole né feriscono né spaccano le pietre.

Articolo XXVI

LA PROVVIDENZA NELLA CASA DIVINA PROVVIDENZA DI SAN GIUSEPPE A BELGIOIOSO

Questa Casa ha del provvidenziale in questo senso, che certa suora Delpino, venuta con altra compagna a Belgioioso allo scopo di questua[1] in favore dei poveri nostri, s'incontrò con quel prevosto Scotti[2], che ignaro tuttavia delle opere nostre volle saperne particolareggiate notizie dalle suore pellegrine. Intesa poi la cosa, propose di volere in sua parrocchia una Casa di Provvidenza e che questa fosse dedicata a san Giuseppe, il Provveditore della Sacra Famiglia e del mondo tutto. Questa è l'origine.

Lo stesso signor prevosto molto si adoperò perché in nostre mani venisse la Casa di Belgioioso dove già aveva pernottato Giuseppe Garibaldi[3]. Poco a poco si popolò di ricoverati dell'uno e dell'altro sesso, divisi dalla attuale chiesa che fu ridotta tale da una rimessa o stalla di cavalli. La Casa è capace di un centinaio di ricoverati e fu tirata su e modificata e vi furono aggiunti altri bracci di casa nuova in molte riprese; lavoro dispendioso più che fabbricare nuovo, ma che ad ogni modo si deve eseguire secondo le vie e i tempi e i modi che la divina Provvidenza suggerisce.

Sua Eccellenza monsignor Riboldi[4] molto aiutò colla sua influenza. Bramò fosse intestato anche il rettore del seminario di allora, l'attuale monsignor Maffi[5] ora cardinale di Pisa.

Per molte ragioni si rilasciò la cura generale al signor prevosto, il quale poi si concesse certa larghezza di disporre. E bramò invero oltre al ricovero iniziarvi un asilo infantile, oratorio festivo maschile, circolo giovanile maschile, che molto disturbavano l'istituto monacale, e se n'ebbero brighe che furono poi anche portate a Roma e che produssero all'Istituto il danno di qualche migliaio di lire.

Le suore diedero esempio in ciò di molta carità ed abnegazione, ma il fatto condusse a concludere la necessità che un gruppo di suore goda di ampia autonomia, perché le ingerenze esteriori nuociono come in un alveare la penetrazione di elementi e di esseri eterogenei.

Si dovette a poco a poco eliminare pure l'asilo nonché l'oratorio festivo maschile, e il circolo cattolico per il primo. Stante la moltiplicità delle domande, si trovò pure conveniente di accompagnare alla Casa di Trenno milanese[6] la parte dei ricoverati di sesso maschile e così la Casa di San Giuseppe in Belgioioso, ridotta quasi a nuovo in tutte le sue parti, ora è esclusivamente ricovero di sesso femminile per ogni classe e per ogni età delle figlie povere del popolo.

Lodevolissimo sempre il vecchio dottore Cesare Bazzi[7], personaggio carissimo per il suo fare patriarcale, per la sua competenza medica, per l'ampiezza di cuore veramente paterno; vecchio ormai quando volle rinunciare alla cura medica obbligatoria, non volle rinunciare alla cura gratuita dei nostri ricoverati, presso i quali voleva tutti i giorni passare un'ora di cura e di svago insieme.

Articolo XXVII

A LIVRAGA

La divina Provvidenza si mostrò pure in Livraga di Lodi, ove quel prevosto Sante Peviani[1] venuto a dettare gli spirituali esercizi alle suore di Santa Maria di Lora volle ad ogni modo un drappello di suore per asilo e scuola di lavoro nella Casa, già convento delle Orsoline, che era venuta in possesso di certi coniugi Teresa e Giulio Vanazzi[2]. Questi, per debito di coscienza, avendo avuto dal demanio quel locale, lo cederono alla Casa della Divina Provvidenza contro un canone a pagarsi loro vita natural durante. Si credette intestarne anche il signor prevosto locale, il quale come a Belgioioso si permise che ne prendesse ingerenza, e questo non giovò allo sviluppo migliore alla Casa-ricovero di Santa Teresa, la quale in una serie di anni poco ne avvantaggiò.

Speriamo nell'avvenire. Vi continuano ad esistere un gruppo di ricoverate donne, un copioso asilo ed una scuola di lavoro con oratorio festivo femminile.

Articolo XXVIII

A FRATTA POLESINE

La divina Provvidenza si manifestò in modo ben visibile ed efficace nella diocesi di Adria e provincia di Rovigo. Certo Ferdinando Geremia[1], parroco di Villadose, si presentò in una sera di gennaio nella Pia Casa dei Poveri a Milano e perorò per l'accettazione di due pii sacerdoti caduti nella povertà, impotenti a muoversi. Furono ricevuti ed assistiti con rispetto e carità sino alla loro morte, che venne anni di poi. Questo fatto piacque tanto a Sua Eccellenza il vescovo Antonio Polin[2], che aprì le porte del suo seminario in Rovigo nel quale poi furono educati e condotti al sacerdozio ben ventiquattro dei nostri chierici della Casa della Divina Provvidenza.

Il medesimo parroco Geremia ne pose sottocchio l'acquisto di un grandioso palazzo in mezzo a vasti terreni per una Casa di ricovero nel Polesine. Il reverendo arciprete Gian Battista Baroni[3] offerì a tale scopo la somma di 10 mila lire e allora si fece acquisto di detta casa e terreno per il prezzo di forse 40 mila lire.

Il signor arciprete per avanzata età e per acciacchi di salute si fece dimissionario ed entrò nella Casa di Fratta e si fece Servo della Carità ed ivi morì dopo alcuni anni assistito dalle suore e sacerdoti ivi in una lunga e penosa malattia. Lasciò testamento in favore della Casa, la quale poi ne tolse porzione per iniziare le fondamenta di San Giuseppe in Roma. Sua Santità Leone XIII gli conferì la decorazione di Cameriere segreto che poi gli riconfermò il Sommo Pontefice papa Pio X.

La Casa detta della Sacra Famiglia in Fratta Polesine venne modificata per introdurvi un vasto e devoto oratorio, per formare dei vasti dormitori da un rustico altissimo. E questo fu dedicato al ricovero di orfanelle, ma più specialmente di deficienti offerte dai manicomi di Venezia. In alcune dipendenze separate di Casa e di rustici coloni si trassero vasti dormitori e locali varii per una settantina di poveri vecchi uomini presentati dai diversi Comuni all'ingiro e da congregazioni di carità o da famiglie private.

NOTE

A don Piero Pellegrini Servo della Carità,
Fedele discepolo di don Guanella
Maestro sicuro sulle vie della storia guanelliana

AL LETTORE (*pag. 21*)

[1] **il nome di Casa della Divina Provvidenza** - A testimonianza di un'esplicita dipendenza spirituale, Luigi Guanella adottò il nome dell'istituto fondato nel 1828 a Torino da Giuseppe Benedetto Cottolengo (1786-1842), *Piccola Casa della Divina Provvidenza*. Quando l'opera guanelliana acquistò rilevanza, l'istituto torinese chiese di non utilizzare più tale denominazione. Dal febbraio 1897 la Casa madre di Como e le altre opere, maschili e femminili, furono indicate come *Casa della Divina Provvidenza*. Spesso si trovano anche altre forme: *Casa Divina Provvidenza*, *Casa di Provvidenza*, o semplicemente *La Provvidenza*, come ancora oggi è conosciuta dai comaschi.

[2] **nella Italia ... Stati Uniti d'America** - Nel 1914 i Servi della Carità e le Figlie di Santa Maria della Provvidenza erano presenti in oltre venti località italiane, principalmente in Lombardia e Veneto, ma anche in Romagna, Lazio e Calabria. L'opera guanelliana era giunta a Milano nel 1890 e a Roma nel 1903. La presenza in Svizzera, nelle valli italiane del Grigioni e nel Ticino, risaliva al 1897, mentre dal 1913 un primo drappello di religiose, seguite poi da un sacerdote, assisteva gli emigrati italiani nella periferia di Chicago. Oltre che nella conduzione delle proprie opere, i sacerdoti si occupavano della pastorale mentre le suore erano impegnate anche in una trentina di asili parrocchiali.

ARTICOLO I (*pag. 23*)

[1] **La Valle San Giacomo ... al giogo dello Spluga** - Più nota come Valle Spluga, fa parte della provincia di Sondrio e si estende a nord del Lago di Como in continuazione della Valchiavenna; comprende i comuni di San Giacomo Filippo (522 m), Campodolcino (1071 m) e Madesimo (1534 m). Inizia proprio da Chiavenna (333 m) per giungere al Passo Spluga, che a 2115 m segna il confine tra l'estremo lembo settentrionale della Lombardia e il Canton Grigioni.

[2] **magnifico stradale ... secolo passato** - L'attuale percorso carrozzabile fu tracciato e costruito nel 1818-1822.

[3] **valichi alpini apertisi altrove** - Nel 1867 fu aperta la linea ferroviaria del Brennero; nel 1882 fu inaugurato il traforo ferroviario del San Gottardo tra i Cantoni Ticino e Uri, nel 1906 il Sempione tra Italia e Svizzera, nel 1903 l'Albula nel Canton Grigioni.

[4] ***Valle dei Santi*** - In dialetto locale viene ancora chiamata *Val di Giüst*, Valle dei Giusti, in relazione alla consistente presenza di santuari. La denominazione potrebbe anche derivare da alcuni privilegi nell'amministrazione della giustizia concessi durante il dominio grigionese del XVI secolo, tra cui il divieto di confinare malfattori nella valle.

[5] **apparve a Gallivaggio** - Il 10 ottobre 1492 la Madonna apparve a due giovani contadine che raccoglievano castagne tra San Giacomo Filippo e Campodolcino. Mostrando mani e ginocchia sanguinanti, rivelò di aver supplicato suo Figlio di deporre l'indignazione contro i peccatori con l'invocazione: «Misericordia, misericordia, misericordia». Ma non avrebbe potuto più a lungo dissuaderlo, perciò richiamava alla conversione e all'osservanza dei giorni festivi. Un primo edificio di culto fu eretto sul luogo dell'apparizione già nel 1493; il santuario attuale, consacrato nel 1615, è caratterizzato dal maestoso campanile quadrato (52 m) staccato dalla chiesa, completato nel 1731. È il più alto di Valchiavenna e Valle Spluga, a indicare Gallivaggio come capoluogo religioso della zona.

[6] **san Guglielmo duca d'Orange** - Secondo la tradizione fu un nobile francese del secolo XI, cavaliere alla corte dell'imperatore Enrico IV. In seguito a contrasti sulla politica ecclesiastica abbandonò la sua posizione e scese in Italia fermandosi in Valle Spluga, dove condusse vita eremitica e acquistò fama di taumaturgo. Morì verso il 1070-1080 e fu sepolto nella sua grotta sulla sponda destra del fiume Liro, nei pressi di San Giacomo Filippo. Diffondendosi la devozione, nel 1391 fu eretto nelle vicinanze un primo santuario, riedificato nel 1616 nella forma attuale.

ARTICOLO II (*pag. 25*)

[1] **La chiesa parrocchiale** - Dedicata a san Giovanni Battista, fu consacrata nel 1528 ed eretta in parrocchia nel 1742. Fu più volte rimaneggiata fino al 1844. Qui Luigi Guanella fu battezzato il 20 dicembre 1842, ricevette la Cresima dal vescovo di Como Carlo Romanò il 30 giugno 1849 insieme alle sorelle maggiori Rosa e Caterina, fece la prima Comunione l'8 aprile 1852.

[2] **Pizzo Stella** - È la più alta (3163 m) delle vette che racchiudono la valle.

[3] **frazione di Fraciscio ... propria vicariale** - È il paese natale, frazione di Campodolcino, situato sul versante orientale della valle a 1341 m di altitudine. Oggi conta appena 160 residenti. La chiesa dedicata a san Rocco sorge sul luogo di un piccolo oratorio già presente nel 1474. Elevata a cappellania nel 1535, divenne indipendente da Campodolcino nel 1835. Nel 1874 Luigi Guanella, allora economo spirituale a Savogno, contribuì ai restauri con 130 lire. Fu eretta in parrocchia solo nel 1945.

[4] **Porta Rezia** - Il toponimo attualmente utilizzato è Portarezza.

[5] **Lorenzo di Tomaso** - Lorenzo Guanella, padre di Luigi, nacque a Fraciscio il 2 aprile 1800 e vi morì il 22 gennaio 1874. Suo padre Tomaso era nato il 18 febbraio 1777 e morì il 19 marzo 1858.

[6] **alla spagnuola** - In modo tradizionale, secondo lo stile introdotto in Lombardia durante la dominazione spagnola dei secoli XVI e XVII.

[7] **Calcagnolo** - Alta 2686 m, è la montagna che domina Fraciscio.

(II, *pag. 26*)

[8] **ventiquattro anni** - In realtà Lorenzo Guanella svolse attività amministrativa per un periodo più lungo, certamente già dal 1840 fino al 1866, alternando diversi incarichi.

[9] **tredici figli** - Nel manoscritto: «dodici figli». In realtà Lorenzo Guanella ebbe sei femmine e sette maschi, nati tra il 1825 e il 1850. Luigi fu il nono e probabilmente non ricorda uno dei due fratelli morti infanti: Antonio, nato dopo di lui l'8 dicembre 1844 e morto il 13 novembre 1845, o Giuseppe, l'ultimo, nato l'11 giugno 1850 e morto il 25 luglio 1852.

[10] **Maria Bianchi ... frazione di Motta** - Nata a Samolaco il 28 dicembre 1806, morì a Fraciscio il 18 settembre 1879. Da Motta (1725 m), frazione di Campodolcino a nord di Fraciscio, la famiglia si trasferiva periodicamente a Samolaco, nel Piano di Chiavenna. Sposò Lorenzo Guanella il 21 gennaio 1824 a Campodolcino.

[11] **la mercatura** - Insieme al lavoro dei campi e all'allevamento del bestiame, Lorenzo Guanella svolgeva altre attività tipiche della valle: commercio di prodotti agricoli e manufatti artigianali, compravendita di terreni e legnami, distillazione, alloggio ai viaggiatori.

ARTICOLO III (*pag. 27*)

[1] **il fanciullo Gaudenzio** - Cugino di Lorenzo Guanella, Gaudenzio Bianchi nacque a Gallivaggio il 12 aprile 1813 e fu ordinato nel 1836, dopo aver completato gli studi nel Seminario di Milano. Inviato dapprima a Madesimo, passò poi per un triennio a Prata Camportaccio, nei pressi di Chiavenna. Nel 1840 rientrò in Valle Spluga, parroco di Campodolcino fino al 1851; fu quindi nominato direttore spirituale nei seminari diocesani di Como, dove rimase fino alla morte, 17 ottobre 1866. Sacerdote di vasta cultura, solida dottri-

na e profonda pietà, ebbe un ruolo determinante nella formazione di Luigi Guanella, che da lui fu battezzato il 20 dicembre 1842.

[2] **madre Elisabetta** - Nel manoscritto: «matrigna». Elisabetta Guanella, sorella del nonno di Luigi, ebbe Gaudenzio da Gaudenzio Bianchi senior, morto nel 1819; si risposò con Nicolò Buzzetti, dal quale ebbe Lorenzo e Antonio, di seguito nominati.

[3] **Lorenzo Buzzetti** - Nato a Gallivaggio il 24 febbraio 1825, fu ordinato nel 1848. Iniziò il ministero come teologo a Prosto per passare a Campodolcino nel 1850, dove successe al fratello don Gaudenzio. Dal 1860 al 1873 fu vicario foraneo di San Fedele a Como, quindi arciprete a Gravedona e dal 1883 a Chiavenna, dove morì il 16 gennaio 1898.

[4] **Antonio Buzzetti** - Nato a Gallivaggio il 14 settembre 1826, fu ordinato nel 1849 e per un anno restò anch'egli col fratello don Gaudenzio a Campodolcino. Passò per un decennio a Pianazzo, frazione di Madesimo, quindi a Como, dove fu parroco di Sant'Agata fino al 1885, quando si ritirò per motivi di salute; morì il 4 agosto 1891 a Calusco d'Adda. Tradusse dal francese opere apologetiche e catechistiche.

[5] **nella sola frazione di Fraciscio** - Certamente singolare anche per l'epoca fu il contributo vocazionale di questo piccolo centro, poiché di seguito, omettendo se stesso, Guanella indica altri sette sacerdoti originari di Fraciscio nati tra il 1830 e il 1880 e quasi tutti legati da parentela più o meno stretta.

[6] **due sacerdoti della famiglia Trussoni** - Sono i due fratelli Lorenzo, nato il 7 agosto 1830 e morto il 10 agosto 1883 parroco di Caravate, e Luigi, nato il 1° marzo 1838 e morto prematuramente il 14 agosto 1865, pochi mesi dopo l'ordinazione. Erano cugini di primo grado di Luigi Guanella poiché figli di Maria, sorella del padre Lorenzo.

[7] **due nella Guanella** - Non considerando se stesso, Luigi si riferisce al fratello Lorenzo e al nipote Costantino, figlio del fratello Tomaso (1827-1906). Il primo nacque il 26 ottobre 1836, fu ordinato nel 1859 ed esercitò il ministero a Traona, Gallivaggio, Roncaglia e infine Ardenno, dove trascorse circa 27 anni. Morì il 25 luglio 1906 a Como nella Casa Divina Provvidenza, dove si era da poco ritirato per motivi di salute. Costantino Guanella, nato il 19 novembre 1868, fu avviato al sacerdozio dallo zio Luigi e ordinato nel 1893; passò in varie sedi e dal 1907 al 1933 tornò a Campodolcino come coadiutore. Morì il 22 gennaio 1935 a Bussana, nei pressi di Sanremo, dove si era recato per necessità del clima marino.

[8] **Trussoni attuale canonico** - Giovanni Battista Trussoni, nato il 20 dicembre 1849 e ordinato nel 1874, fu per un ventennio a Villa di Chiavenna, da dove sostenne l'azione missionaria nella Val Bregaglia svizzera. Nominato canonico del Duomo nel 1911, morì a Como il 15 giugno 1928.

[9] **Trussoni don Felice** - Nato il 24 febbraio 1880, fu ordinato nel 1909. Morì nella Casa ecclesiastica di Como il 24 marzo 1955.

[10] **Trussoni Tomaso** - Nato il 13 agosto 1856, fu ordinato nel 1879 a Padova, dove conseguì anche la laurea in filosofia e lettere. Nel 1882 iniziò ad insegnare nei seminari di Como e nel 1910 fu nominato vicario generale della diocesi. Il 14 dicembre 1912 fu promosso alla sede arcivescovile di Cosenza, cui rinunciò nel 1934 per motivi di salute. Morì a Como il 21 dicembre 1940.

[11] **Della famiglia Gadola ... sacerdoti tre** - Bernardo, nato nel 1824, ordinato nel 1860 e morto nel 1865; Luigi, nato nel 1852, ordinato nel 1875 e morto nel 1908; Antonio, nato nel 1856, ordinato nel 1879 e morto nel 1890.

(III, *pag. 28*)

[12] **due della famiglia Zaboglio: Agostino ... e Francesco** - Agostino Zaboglio, nato nel 1854, ordinato nel 1877 e morto l'8 dicembre 1928, fu per oltre un trentennio rettore dei seminari diocesani di Como. Pochi mesi prima della morte fu nominato giudice delegato al processo diocesano per la beatificazione di Luigi Guanella e riuscì a facilitare la conclusione della procedura fino ad allora piuttosto travagliata. Fratello maggiore era in realtà Francesco che nacque il 15 febbraio 1852 e fu ordinato nel 1876. Dopo circa un decennio di ministero pastorale, nel 1885 si aggregò ai Somaschi come esterno. Una visita ai familiari negli Stati Uniti d'America gli rivelò la misera condizione degli emigranti. Anche per consiglio di Luigi Guanella, cui era legato da parentela, verso il 1886 offrì la propria disponibilità a Giovanni Battista Scalabrini, vescovo di Piacenza, che stava iniziando la sua opera in questo nuovo campo. Divenuto uno dei suoi più stretti collaboratori nella fondazione dei Missionari di San Carlo, nell'aprile 1888 emise i voti nella nuova congregazione, di cui fu vicario generale per molti anni. Dopo aver aperto la missione negli Stati Uniti d'America, nel 1891 stabilì una presenza nel porto di Genova, fu quindi parroco a New Haven e New York. Rientrato definitivamente in Italia nel 1900 in seguito ad un incidente, fu per qualche anno cappellano delle Figlie di Santa Maria della Provvidenza a Menaggio e passò poi a Tremezzo, dove morì il 3 settembre 1911.

ARTICOLO IV (*pag. 29*)

[1] **Caterina, la sorella** - Ottava dei figli di Lorenzo Guanella, Caterina nacque il 25 marzo 1841. Fu la sorella prediletta di Luigi, che con lei condivise la fanciullezza. Donna di fede semplice e profonda, scelse ben presto la consacrazione privata come forma di vita. Nel 1868 si recò a Savogno, dove il fratello era economo spirituale. Qui per oltre sei anni si occupò dei lavori domestici e collaborò anche nelle attività pastorali ed educative. All'inizio del 1875 tornò a Fraciscio continuando un'edificante vita di fede; morì il 13 giugno 1891. Convinto della sua esemplarità, il fratello Luigi ne fece pubblicare alcune biografie e nel 1910 introdusse a Como il processo di beatificazione.

[2] **«Facciamo qui la minestra dei poveri»** - A testimoniare l'importanza di questo particolare biografico, il 23 ottobre 2005 davanti casa Guanella a Fraciscio fu inaugurato un gruppo bronzeo, opera dell'artista Alfredo Vismara, che rappresenta Luigi e Caterina fanciulli inginocchiati nell'atto di fare la minestra per i poveri con i genitori Lorenzo e Maria che in piedi li osservano, contornato da bassorilievi raffiguranti opere di carità.

[3] **cognato Guglielmo Sterlocchi, padre dell'attuale canonico** - Guglielmo

Sterlocchi, nato l'8 aprile 1809 a Gallivaggio, il 30 novembre 1845 sposò in seconde nozze Maria Orsola Guanella, sorella primogenita di Luigi nata il 4 aprile 1825 e morta a Gallivaggio il 18 agosto 1911, dopo aver generato quattordici figli. Lo Sterlocchi, che fu un facoltoso commerciante, morì il 22 luglio 1878. Dal loro matrimonio il 13 novembre 1846 nacque Lorenzo, ordinato nel 1869 e parroco di Campodolcino dal 1875 al 1888; nel 1906 fu nominato canonico della cattedrale di Como. Si dedicò particolarmente allo studio e all'apostolato della *buona stampa*, collaborando con Luigi Guanella nell'ambito della pubblicistica di carattere popolare: tra il 1892 e il 1914 dalla tipografia della Casa Divina Provvidenza uscirono una ventina di suoi titoli, tra cui le biografie di Caterina Guanella e di Giovanni Battista Scalabrini. Morì il 23 aprile 1924.

(IV, ***pag. 30***)

[4] ***casino dei preti*** - Si tratta dell'antica canonica situata sul retro della chiesa, sulla strada che sale a Fraciscio; attualmente è adibita ad albergo.

[5] **Giovanni Lima** - Nato a Como nel 1823, fu ordinato nel 1845; restò in cura d'anime a Fraciscio solo per un breve periodo, nel 1848-1849. Morì nel 1892.

[6] **solitudine di Gualdera** - Località a monte di Fraciscio, da cui dista due chilometri e mezzo, posta a 1453 m in un'incantevole conca circondata da boschi. Di Gualdera era originaria la famiglia di Luigi Guanella: vi abitava in una casa di proprietà il nonno Tomaso e il padre Lorenzo vi restò anche dopo sposato fino al 1831. I Servi della Carità vi costruirono una casa per soggiorni estivi inaugurata nel 1937.

(IV, ***pag. 31***)

[7] **un ricordo ... colla pietra** - Il 19 maggio 1958 nel luogo descritto furono inaugurate delle sculture in bronzo a grandezza naturale, opera di Umberto Malinverni, che ricordano la visione. Vi sono raffigurati la Madonna e il piccolo Luigi inginocchiato in ascolto. Nell'epigrafe dettata da don Leonardo Mazzucchi si legge: «Qui il novenne Luigi Guanella - nel giorno di sua prima Comunione - assorto in preghiere e pie letture - vide comparirsi e sentì - l'Immacolata Madre celeste - raccomandargli e indicargli - maternamente autorevole - le future schiere dei suoi bisognosi - confortandone di momenti dolcissimi - che desiderò qui ricordati - l'anima fervente di futuro sacerdote e fondatore - Gualdera di Fraciscio - 8 aprile 1958 - Nel primo centenario - delle apparizioni di Lourdes - le due famiglie religiose guanelliane».

[8] **processi apostolici** - Il 18 agosto 1913 gli atti del processo diocesano furono inviati da Como in Vaticano, alla Congregazione dei Riti. La causa di beatificazione non proseguì.

(IV, *pag. 32*)

[9] **Pianazzo** - Frazione di Madesimo, ad oltre sei chilometri da Fraciscio.

[10] **due Scaramellini ed un Adamossi** - Il cognome Scaramellini è tipico della Valle Spluga, dove è ancora molto diffuso. Nei registri parrocchiali di Gallivaggio risulta un Giovanni Battista Bernardo Adamossi coetaneo di Luigi Guanella, nato il 10 settembre 1842 e morto nel 1866.

[11] **Giovanni Battista Persenico** - Nato nel 1828 e ordinato nel 1853, restò in cura d'anime a Fraciscio dal 1852-53 fino al 1857 e passò arciprete a Gordona nel 1871. Morì nel 1909.

[12] **la state** - L'estate 1854.

[13] **Collegio Gallio** - Fondato nel 1583 dal cardinale Tolomeo Gallio (1525-1607), nato a Cernobbio, nei pressi di Como, che fu Segretario di Stato di Gregorio XIII. Lo affidò ai Somaschi per diffondere in campo educativo lo spirito della Riforma cattolica. Luigi Guanella vi fu ammesso grazie ad uno dei posti gratuiti riservati ai valtellinesi assegnati dal vescovo di Como. Ancora oggi il Collegio Gallio, uno dei più antichi d'Europa, continua la sua opera di educazione nella prestigiosa sede originaria di Borgo Vico a Como.

[14] **la sorella Caterina ... un prete?»** - Con la sua ingenua domanda Caterina, che aveva passato i tredici anni (nel manoscritto: «dodici anni»), sembra predire al fratello la vocazione nel modo più semplice e naturale. Il Collegio Gallio non era un seminario, ma in una famiglia contadina si accettava che un figlio seguisse un regolare corso di studi solo per divenire sacerdote. Il parente don Gaudenzio Bianchi aveva evidentemente già intuito le qualità del piccolo Luigi, tanto da interporre i suoi buoni uffici con il vescovo.

ARTICOLO V (*pag. 33*)

[1] **era povero povero** - Il futuro cardinale ebbe infanzia ed adolescenza segnate dal dolore e dalle difficoltà economiche in seguito alla prematura morte del padre, un mercante che lasciò molti debiti. Verso i vent'anni fu inviato a Roma presso il celebre umanista Paolo Giovio (1483-1552), originario di Como, e intraprese la carriera ecclesiastica.

[2] **Colico** - Punto d'imbarco per Como dalla Valtellina e dalla Valchiavenna, situato alla sommità nordorientale del Lago di Como, dove si immette l'Adda.

(V, *pag. 34*)

[3] **Dal 1859 in poi ... tanto funesta** - Riferimento alle vicende del Risorgimento italiano e alla diffusione del liberalismo anticlericale. L'11 luglio 1859 la Lombardia passava dal dominio austriaco a quello piemontese.

[4] **le autorità superiori di sorveglianza** - Il Collegio Gallio era sottoposto alle leggi sull'istruzione pubblica, prima dell'Impero asburgico e poi del Regno d'Italia, per cui veniva ispezionato da funzionari governativi.

[5] **il padre censore** - Responsabile della disciplina era don Filippo Colombo, nato nel 1833 ed entrato al Collegio Gallio come professore di latino nel 1857, un anno prima dell'ordinazione. Insegnante di vasta e multiforme cultura, ebbe numerosi incarichi anche nella congregazione somasca. Passò mezzo secolo nel Collegio Gallio, dove morì il 29 luglio 1908.

[6] **Giovanni Scalabrini, allora chierico assistente** - Giovanni Battista Scalabrini, nato a Fino Mornasco nel 1839, ordinato nel 1863, vescovo di Piacenza dal 1876 e fondatore dei Missionari e delle Suore Missionarie di San Carlo, entrò nel Seminario maggiore di Como nel novembre 1859 e durante quell'anno scolastico fu prefetto nel Collegio Gallio, cioè addetto alla sorveglianza e all'assistenza dei giovani studenti. Morì nel 1905; è stato beatificato nel 1997.

[7] **Seminario filosofico di Sant'Abbondio in Como** - Completato il ginnasio nel Collegio Gallio, Luigi Guanella entrò nel seminario diocesano il 4 novembre 1860.

(V, *pag. 35*)

[8] **per tre anni l'indirizzo di don Bosco a Torino** - Luigi Guanella fu presso i Salesiani dal gennaio 1875 al settembre 1878, legato anche da voti triennali.

ARTICOLO VI (*pag. 36*)

[1] **I nomi dei padri ... fissi in cuore** - Emilio Arisio (1824-1865), Antonio Crepazzi (1817-1875), i fratelli Bernardino Secondo (1806-1887) e Ludovico Alfonso Sandrini (1815-1880) erano Somaschi, mentre Andrea Porro e Agostino Fasola (1802-1867) erano sacerdoti conviventi nella comunità del Collegio Gallio, dove risultano presenti dal 1838.

[2] **Eugenio Bonoli ... santi Sacramenti** - Nato nel 1810 e ordinato nel 1836, fu uno dei più stimati esponenti del clero comasco nel suo tempo. Oltre all'istituto per le giovani, promosse numerose opere apostoliche a favore dell'infanzia, degli ammalati, dei carcerati; nel Collegio Gallio fu padre spirituale e confessore. Morì nel 1874.

[3] **il professor Luzzani ... un pretaccio»** - Ambrogio Luzzani, un comasco laureato in ingegneria a Pavia, insegnò matematica nel Collegio Gallio dal 1857 al 1860. La valutazione attribuita era «appena sufficiente» espressa con l'avverbio latino *vix*.

(VI, *pag. 37*)

[4] **Un professore di tedesco, Telfy Zima** - Ignazio Telfy Zima insegnò al Collegio Gallio dal 1853 al 1862; a Como fu anche promotore dell'insegnamento linguistico specializzato per le esigenze del commercio serico.

[5] **Lombardi e Squassi, ai 16 anni** - Michele Squassi e Carlo Lombardi, ori-

ginari di Cremona e coetanei di Luigi Guanella, erano entrati nel Collegio Gallio rispettivamente negli anni scolastici 1854-55 e 1855-56.

[6] **Durando minacciava la battaglia di San Fermo** - Il 27 maggio 1859 presso San Fermo, alle porte di Como (oggi San Fermo della Battaglia), i Cacciatori delle Alpi sconfissero le truppe austriache, comandate da Karl von Urban, che lasciarono la città. Di fatto non vi prese parte Giovanni Durando, generale dell'esercito piemontese che durante la Seconda guerra di indipendenza combatté invece la battaglia di San Martino.

[7] **la famiglia ... rincresceva di spendere** - La famiglia Guanella, che sarebbe stata onorata di avere due figli sacerdoti, aveva appena terminato di mantenere agli studi Lorenzo, ordinato nel 1859. Luigi ottenne uno dei quaranta posti a prezzo agevolato istituiti proprio nel 1860.

(VI, *pag. 38*)

[8] **rettore Angelo Bolzani** - Nato nel 1821 e ordinato nel 1845, cominciò ad insegnare nel 1849 e fu nominato rettore nel 1856, carica cui rinunciò nel 1868 per motivi di salute. Morì nel 1870.

[9] **monsignor Marzorati** - Giuseppe Marzorati, nato a Milano nel 1818 e morto nel 1865, fu vescovo di Como dal 1858.

[10] **«Gli articoli del Guanella** - Nonostante ripetute ricerche, finora non è stato reperito alcun numero del giornale, anche se la notizia è di molteplice attestazione soprattutto nei processi di beatificazione.

[11] **il *Quaresimale* ... mi feci familiare»** - È l'opera più famosa, uscita nel 1679, di Paolo Segneri (1624-1694), predicatore gesuita e maestro di oratoria sacra, ma Luigi Guanella utilizzò l'altra opera *La manna dell'anima* (1673) anche come fonte per gli scritti pastorali ora pubblicati nel vol. I delle *Opere edite e inedite di Luigi Guanella, Scritti per l'anno liturgico* (1989).

[12] ***«quis est ... eum?»*** - Chi è costui? Lo loderemo (Sir 31,9).

[13] **Palazzo alle Corti** - Tuttora indicato come *il Palàzz*, è un edificio cinquecentesco situato nella frazione Corti di Campodolcino, già residenza dell'abate valtellinese Antonio Foppoli, letterato e accademico dell'Arcadia che nel 1786 lo donò al paese per pubblica utilità. Attualmente è sede del Museo della Via Spluga e della Val San Giacomo.

(VI, *pag. 39*)

[14] **Antonio Guanella, figlio unico di Pietro Antonio** - Antonio Guanella, di altro ramo, nacque nel 1841 e morì da seminarista il 12 maggio 1863. Suo padre Pietro Antonio (1816-1882) nel 1835 aveva sposato Angiolina Raviscioni, defunta nel 1870; nello stesso anno passò a seconde nozze con Rosa Innocente Guanella (1839-1895), sorella di Luigi.

[15] **Pian di Spagna** - Pianura alluvionale allora paludosa compresa tra le confluenze del Mera e dell'Adda nel Lago di Como. Nel 1900 Luigi Guanella vi cominciò un'opera di bonifica con la fondazione di una colonia

agricola e del villaggio di Olonio San Salvatore, oggi Nuova Olonio, frazione di Dubino (Sondrio).

[16] **dì dell'Assunzione ... cosiddetta Selva** - I fatti si riferiscono al 1865. Dal 6 maggio di quell'anno Luigi Guanella era stato investito del beneficio teologale di Prosto, parrocchia confinante con Chiavenna verso la Val Bregaglia. Si trattava di una modesta rendita che comportava diversi impegni in aiuto dell'arciprete, tra cui l'adempimento delle devozioni legate al 15 agosto che veniva celebrato alla Madonna della Selva, un'edicola votiva del XVI secolo nei pressi di Prosto.

(VI, *pag. 40*)

[17] **Serafino Balestra** - Nato nel 1831 e ordinato nel 1856, fu un sacerdote dai molteplici interessi e di vastissima cultura. Chiamato nel 1884 a dirigere l'Istituto Nazionale dei Sordomuti in Argentina, rimase presto vittima di calunnie legate alla gestione amministrativa e fu destituito. Morì il 26 ottobre 1886 nell'ospedale italiano di Buenos Aires.

[18] **signor Valli** - L'imprenditore Francesco Valli, morto nel 1914, fu insieme ai figli amico e sostenitore di Luigi Guanella.

[19] **nella fabbrica ... delle ferrovie** - Riferimento allo stabilimento di Onofrio Pantaleone Regazzoni, posto nei pressi di Sant'Abbondio; mosso da energia idraulica e a vapore, costruiva manufatti meccanici all'avanguardia.

[20] **traforo di Monte Olimpino** - La galleria ferroviaria di Monte Olimpino (1,9 km) che avrebbe collegato direttamente Milano alla Svizzera passando per Como, fu progettata sin dal 1860 e inaugurata solo nel 1875, dopo grandi difficoltà dovute alla copiosa presenza di acque.

(VI, *pag. 41*)

[21] **vescovo ... Carsana** - Pietro Carsana, nato a Chignolo d'Isola (Bergamo) nel 1814 e ordinato nel 1836, entrò in diocesi di Como il 6 gennaio 1872. Fu il vescovo con cui Luigi Guanella si confrontò nelle scelte iniziali della sua vita di sacerdote e fondatore. Morì il 31 dicembre 1887.

[22] **sacerdote Castelli** - Giuseppe Castelli, nato a Melide nel 1827 e ordinato nel 1851, insegnò nei seminari di Como dal 1853 al 1885 ed ebbe parte attiva nel distacco del Ticino svizzero dalle diocesi di Milano e Como per la costituzione di una circoscrizione ecclesiastica autonoma, cui si giunse nel 1884.

[23] **monsignor Lachat** - Eugène Lachat (1819-1886), già vescovo di Basilea, fu anche il primo amministratore apostolico del Ticino, dove arrivò il 10 agosto 1885.

[24] **Luigi Albonico** - Nato nel 1831, fu ordinato nel 1854 ed insegnò materie letterarie nel Seminario di Sant'Abbondio dal 1856 al 1864, quando fu trasferito come prevosto a Tirano, dove rimase fino alla morte, nel 1921. Per tutta la vita si distinse per la forte passione politica con cui connotò il ministero sacerdotale.

(VI, *pag. 42*)

[25] **Lora diventasse la Santa Maria di oggi giorno** - Per trasferire le ricoverate della Casa Divina Provvidenza, nel 1897 Luigi Guanella acquistò un vasto complesso a Lora, sobborgo di Como sulla via per Lecco, che divenne in seguito la Casa madre delle sue opere femminili.

ARTICOLO VII (*pag. 43*)

[1] **dell'ingegnere Cantoni** - Simone Cantoni (1739-1818), architetto ticinese tra i massimi esponenti del neoclassico, progettò l'edificio del Seminario di Como nel 1808.

[2] **vescovo Rovelli** - Religioso domenicano, Carlo Rovelli (1740-1819) fu vescovo di Como, sua città natale, dal 1793 alla morte.

[3] **Camillo Manzoni** - Nato nel 1821, fu ordinato nel 1844, quindi inviato all'insegnamento nei seminari di Como; giovane insegnante partecipò con alcuni seminaristi ai moti antiaustriaci nel 1848 e in seguito si segnalò per la sua accesa passione patriottica: nel 1861 tenne un discorso per le vittime dell'unità italiana e nel 1866 fu eletto al Consiglio comunale di Como. Morì nel 1871.

[4] **professore Armandolini** - Carlo Armandolini (1828-1883) fu ordinato nel 1851 e passò ad insegnare nei seminari di Como; dal 1880 alla morte fu vicario generale della diocesi.

[5] **professore Anzi** - Martino Anzi nacque a Bormio nel 1812 e fu ordinato nel 1835. Con i suoi studi sui licheni e altre specie crittogame, pubblicati a partire dal 1860, diede un contributo fondamentale ad un settore della botanica fino ad allora poco curato. Morì a Como nel 1883.

[6] **Pietro Joo** - Compagno di studi di Luigi Guanella dal liceo alla teologia, ordinato anch'egli nel 1866.

(VII, *pag. 44*)

[7] **«*Caro mea non est aenea*»** - La mia carne non è di bronzo (cfr. Gb 6,12).

[8] **Valle Bregaglia** - Compresa nel Canton Grigioni, appartiene quasi integralmente alla Svizzera e solo nella prima parte è italiana. Religiosamente oggi è protestante nella parte svizzera, cattolica nella parte italiana, mentre ai tempi di Luigi Guanella tutte le chiese cattoliche erano state adibite al culto protestante, fin dai tempi della predicazione di Pietro Paolo Vergerio (1498-1565). Invitato dal vescovo di Coira Giorgio Schmid von Grünek, che lo aveva già chiamato per Roveredo, Andeer e Splügen e che aveva accolto e ordinato alcuni suoi chierici, Luigi Guanella aprì una Casa a Promontogno, in Bregaglia, nel 1900 riuscendo anche a costruirvi una chiesa capace di quattrocento persone, benedetta nel 1904; in seguito provvederà spiritualmente anche alla vicina Vicosoprano.

(VII, *pag. 45*)

[9] ***Il Devoto di San Giuseppe*** - Organo dell'Apostolato di Suffragio pel Purgatorio, eretto a Modena nella chiesa del Santissimo Salvatore tenuta dai Servi di Maria, pubblicato dal 1863.

[10] ***Il Messaggero del Sacro Cuore*** - Organo dell'Apostolato della Preghiera per l'Italia, la cui diffusione iniziò nel 1864 grazie al barnabita Antonio Maresca (1831-1891), promotore del culto del Sacro Cuore, che lo redigeva sulla base dell'originaria edizione francese.

[11] ***Nesin*, Battista Levi** - Morì a 78 anni il 22 agosto 1862, mentre Luigi Guanella era in vacanza a Fraciscio dopo la III liceo.

[12] **Taparelli, *La questione sociale*** - Probabile riferimento all'opera del filosofo gesuita Luigi Taparelli d'Azeglio (1793-1862) intitolata *Corso elementare di natural diritto ad uso delle scuole*, pubblicata nel 1843; il terzo e quarto libro del *Corso* si intitolano rispettivamente *Dell'operare umano nel formare la società* e *Dell'operar sociale rispetto agli associati*.

(VII, *pag. 46*)

[13] **Bernardino Maria Frascolla** - Nato ad Andria (Bari) nel 1811 e ordinato nel 1835, fu dottore in teologia e insegnante nel seminario diocesano della sua città. Nel 1856 fu promosso vescovo e destinato alla neoeretta diocesi di Foggia. Dopo la proclamazione del Regno d'Italia ebbe vita difficile: per aver fermamente denunciato violazioni e soprusi contro la Chiesa subì accuse fittizie e nel 1862 fu condannato a due anni di reclusione. Scontò solo alcuni mesi nel carcere di San Donnino a Como, dove poi restò in domicilio coatto fino al 4 novembre 1866, quando poté rientrare a Foggia. Morì a Roma il 30 dicembre 1869, mentre partecipava al Concilio Vaticano.

(VII, *pag. 47*)

[14] **rettore Grandi** - Giuseppe Grandi (1812-1888), ordinato nel 1835, fu rettore del Seminario filosofico e poi del Teologico; dal 1871 passò nella parrocchia cittadina di Sant'Agata a Como, nel 1875 fu nominato provicario della diocesi e nel 1884 canonico della cattedrale.

(VII, *pag. 48*)

[15] **Ai 26 maggio del 1866 ... Risorgimento d'Italia** - Già in febbraio si erano registrati tumulti popolari contro l'estensione della cinta daziaria a zone che ne erano esenti. Quindi con un decreto del 6 maggio Como e Varese furono indicate come sedi per la concentrazione delle truppe volontarie garibaldine dell'Italia settentrionale mobilitate per la Terza guerra di indipendenza. I disordini nella città lariana conobbero una recrudescenza proprio il

25-26 maggio, mentre era massiccia la presenza dei volontari, al cui alloggiamento il Comune dovette provvedere anche con la requisizione di immobili ecclesiastici.

[16] **vacante per varii anni ... monsignor Calcaterra** - Dalla morte del vescovo Marzorati nel 1865 e fino all'arrivo di Pietro Carsana nel 1872, la diocesi di Como fu retta da Ottavio Calcaterra nato nel 1800, ordinato nel 1827, nominato canonico nel 1837 e morto a Como nel 1880.

ARTICOLO VIII (*pag. 50*)

[1] ***Ubi sunt*** **... maestro Gersenio** - Il riferimento a Giovanni Gersen, o Gersenio, benedettino del secolo XIII, rimanda al *De imitatione Christi*, la classica opera di spiritualità a lui attribuita, nella quale però non si trova la citazione latina (Dove ci sono uomini ci sono miserie).

(VIII, *pag. 51*)

[2] **Leopoldo Martinelli, Lorenzo Ratti** - Leopoldo Martinelli (1842-1921) fu ordinato nel 1865 e restò per un decennio coadiutore ad Ardenno, passò quindi a Fusine fino al 1897, quando si ritirò quiescente a Morbegno. Lorenzo Ratti (1840-1884) fu ordinato nel 1864 e fino al 1866 ebbe investitura della cappellania della Cassetta dei Morti di Campodolcino, un'istituzione di natura civile che intendeva soddisfare alle esigenze della comunità nel campo dell'istruzione e del piccolo credito e manteneva anche un sacerdote con l'onere dell'insegnamento elementare; successivamente passò a Chiavenna, quindi a Regoledo e a Casanova, dove nel 1877 divenne parroco dimorandovi fino alla morte.

[3] ***circulus et calamus*** - Riferimento alla celebre espressione attribuita a sant'Agostino o a san Tommaso d'Aquino: «*Circulus et calamus fecerunt me doctum* o *doctorem*» (La conversazione e la penna mi hanno reso istruito).

[4] **Soazza** - Villaggio svizzero della Valle Mesolcina, ad occidente della Valle Spluga. Il «viaggetto» comportò l'attraversamento del Passo della Forcola (2227 m), sullo spartiacque che segna il confine tra Italia e Svizzera.

[5] **prevosto Della Cagnoletta** - Giuseppe Della Cagnoletta, nato nel 1837 e ordinato nel 1860, compagno di seminario di Lorenzo Guanella, fu prevosto di Campodolcino dal 1862 al 1868. Morì nel 1894.

[6] **Nicolò Rusca** - Nato nel 1563 a Bedano nel Canton Ticino, studiò a Pavia e a Roma e completò la preparazione al sacerdozio nel Collegio Elvetico di Milano, accolto nel 1581 da Carlo Borromeo. Nel 1590, tre anni dopo l'ordinazione, fu nominato arciprete di Sondrio, durante il dominio calvinista delle Tre Leghe sulla Valtellina. La profonda dottrina e l'intensa opera pastorale gli attirarono ben presto forti ostilità, che culminarono nell'arresto a tradimento per false accuse di reati politici. Morì il 4 settembre 1618 in seguito alle torture cui era stato condannato dal tribunale speciale di Thusis. Subito considerato martire e invocato come venerabile, la sua tomba (trafu-

gata e custodita nell'abbazia benedettina di Pfäfers, dal 1852 trasferita a Sondrio) divenne ben presto meta di pellegrinaggi. Dalla fine del secolo XIX si cominciò ad auspicare la sua beatificazione, soprattutto per interessamento del clero comasco. Luigi Guanella ne fu il più attivo e convinto sostenitore: promosse ricerche d'archivio e fece pubblicare due biografie dalla Casa Divina Provvidenza: Reto Cenomano [G. Formentelli], *Valtellina e Rezia. Vita dell'arciprete Nicolò Rusca*, 1909; P. Buzzetti, *Niccolò Rusca martire della fede cattolica*, 1913. Nel 1931 fu introdotto a Como il processo informativo diocesano; attualmente il martirio è all'esame della Congregazione delle Cause dei Santi.

7 **il giro di Valle di Lei e di Angeloga** - La Valle di Lei, dal 1961 occupata da un ampio bacino artificiale, è collegata con la Valle Spluga attraverso il Passo di Angeloga (2391 m), a monte di Fraciscio. Tuttora «il giro» è uno dei più frequentati itinerari escursionistici della zona.

8 **Francesco Mascioni, cappellano di Fraciscio** - Nato nel 1833, fu ordinato nel 1856 e restò a Fraciscio dal 1858 al 1864.

(VIII, *pag. 52*)

9 **sul volume del Mattioli** - Pietro Andrea Mattioli (1501-1578), umanista e scienziato, raccolse e pubblicò le conoscenze di botanica medica del suo tempo. Il «volume» potrebbe essere *I Discorsi di M. Pietro Andrea Matthioli sanese ... nei sei libbri di Pedacio Dioscoride Anazarbeo della materia medicinale*, stampato a Venezia nel 1712.

10 **cura di Savogno** - Frazione di Piuro, è un villaggio montano a 932 m, raggiungibile solo con una ripida mulattiera a gradoni. Stabilmente abitato fino agli anni Sessanta del secolo scorso, l'insediamento venne poi utilizzato solo nella stagione estiva, dapprima per l'alpeggio e la fienagione e quindi anche per villeggiatura. Luigi Guanella vi giunse come economo spirituale nel giugno 1867 per rimanervi sino all'inizio del 1875; all'epoca vi erano circa 250 residenti.

(VIII, *pag. 53*)

11 **Carlo Gilardi ... 120 anni** - Nei registri parrocchiali di Campodolcino risulta defunto nel 1749, ma nello stato d'anime di Fraciscio del 1742 è citato ancora vivente con 108 anni, cosicché morendo nel 1749 avrebbe avuto 115 anni.

ARTICOLO IX (*pag. 55*)

1 **arciprete vicario foraneo di Prosto** - Don Luigi Del Curto, nato a Prosto nel 1802 e ordinato nel 1826, svolse tutto il ministero nel paese natale, dapprima come vicario poi dal 1847 al 1884, anno della morte, come parroco.

2 ***Corpus Domini* 1866** - Giovedì 31 maggio.

(IX, *pag. 56*)

[3] **d'accanto al Cottolengo** - Da gennaio 1875 a novembre 1876 Luigi Guanella abitò a Torino nell'Oratorio di Valdocco, che si trova a poche centinaia di metri dalla Piccola Casa della Divina Provvidenza.

[4] **un figlio ... nuova sede** - Si tratta di Giovanni Battista Succetti, battezzato il 17 giugno 1867.

[5] **don Carlo Saffratti** - Carlo Saffratti (1817-1889) non sostituì a Prosto Luigi Guanella, bensì il suo successore Pietro Pedroni, morto il 10 marzo 1868.

[6] **armoniche campane ... nel 1618** - Il 4 settembre 1618 un'enorme frana cancellò completamente Piuro, allora importante centro della Val Bregaglia, nei pressi di Chiavenna. Il disastro ebbe vasta risonanza per la grandiosità dell'evento e per l'elevato numero di vittime: furono seppellite vive un migliaio di persone. Negli scavi del febbraio 1767 e del febbraio 1859 furono rinvenute due campane della collegiata di San Cassiano, poi collocate sul campanile di Prosto (la prima fu poi rifusa nel 1811 e nel 1814). Oggi nei pressi della città sepolta si trova la frazione di Borgonuovo, edificata a partire dal 1851.

[7] **palazzo Vertemate** - Una delle più significative dimore di rappresentanza del Rinascimento lombardo, costruita nella seconda metà del XVI secolo da Luigi e Guglielmo Vertemate Franchi, ricchi commercianti di Piuro. Grazie alla sua posizione decentrata, non fu sommerso dalla disastrosa frana del 1618, che distrusse invece la residenza della famiglia uccidendone molti membri.

(IX, *pag. 57*)

[8] **Lo scrittore Crollalanza ... *di Chiavenna*** - G.B. Crollalanza, *Storia del contado di Chiavenna*, Milano 1867.

[9] **piottini** - Pietre da costruzione larghe e piatte. Forma italianizzata dal dialettale lombardo *pioeuda*, lastra di pietra.

[10] **20 gennaio ... parrocchia di Villa** - Il riferimento è al 1873, anno della costruzione del nuovo cimitero. Luigi Guanella si trovava a Villa di Chiavenna nel giorno della festa del santo patrono.

(IX, *pag. 58*)

[11] **il libretto *Saggio* ... civile ed ecclesiastico** - È la prima pubblicazione di Luigi Guanella, stampata a Torino dalla Tipografia dell'Oratorio di San Francesco di Sales e uscita all'inizio del 1872, con la quale anch'egli volle dar voce alla profonda impressione prodotta nei cattolici italiani dagli eventi del 1870 (Concilio Vaticano, dogma dell'infallibilità pontificia, presa di Roma). Vi usa toni fortemente apologetici, con passaggi di intensa polemica verso la mentalità liberale e l'appartenenza massonica delle classi dominanti che perseguivano il disegno di allontanare il popolo dalla fede. Ma insieme all'ardore giovanile egli manifesta chiaramente anche una profonda affezione per

la gente semplice, il concreto impegno nell'aiutarla a difendersi dalla penetrazione di idee e costumi contrari alla pratica e alla tradizione ispirate ai principi cattolici. Il *Saggio* non passò inosservato e fu più volte pretesto di persecuzione contro l'autore, accusato di essere sovversivo o poco ubbidiente. È pubblicato nel vol. III delle *Opere edite e inedite di Luigi Guanella, Scritti morali e catechistici* (1999).

[12] ***Il Libero Alpigiano*** - Fondato da Carlo Pedretti (1836-1909), garibaldino chiavennasco e promotore di associazioni operaie, fu poi diretto dall'ex seminarista Giovanni Battista Gianoli; era un settimanale di ispirazione repubblicana e radicale pubblicato dal luglio 1873 fino al 1875. Nel 1876 cambiò testata divenendo *L'Alpe Retica*, che uscì fino al 1892.

(IX, *pag. 59*)

[13] **«Piccola città di santi»** - Nella tradizione cottolenghina la definizione data da Pio IX è: «Casa del miracolo».

[14] **Leone Ostinelli** - Nato nel 1844, fu ordinato nel 1867 e inviato a Cremia, dove rimase come coadiutore fino alla morte, nel 1905. In questo lungo periodo non fece mai mancare la sua collaborazione al vicino ospizio di Pianello Lario, che aveva anche contribuito a fondare.

[15] **Carlo Coppini** - Nato nel 1827 e ordinato nel 1852, fu coadiutore a Colico e poi parroco a Montemezzo. Nel 1862 giunse a Pianello Lario, dove con vita esemplare e zelo apostolico guadagnò in breve la stima della popolazione. Diede inizio ad un'ampia attività, soprattutto a favore dell'infanzia e della gioventù. Nel 1871 istituì in parrocchia la Pia Unione delle Figlie di Maria Immacolata e con alcune delle giovani congregate nel 1873 aprì l'ospizio che avrebbe poi dato origine alle opere guanelliane.

[16] ***Pozzo Pasquée* in Samolaco** - Località del comune di Samolaco, all'inizio della Valchiavenna, in parte paludosa. Questa zona, che comprendeva due distinti terreni, denominati Porto e Pasquenio, era oggetto di un'antica controversia tra comuni relativa a proprietà fondiarie, che nel 1873 Luigi Guanella propose di risolvere assegnandone le rendite ad un'istituzione da affidare ai Salesiani.

[17] **Callisto Grandi ... in Italia a Chiavenna** - Callisto Grandi, nato nel 1844 a Bellagio e ordinato nel 1867, era in seminario insieme a Luigi Guanella. Fu canonico coadiutore a Chiavenna dal 1870 al 1872 e durante questo periodo fondò e diede sviluppo alla locale Società cattolica di Mutuo soccorso, la prima in diocesi di Como e probabilmente anche in Italia. Passato per un biennio a Laglio e quindi a Blevio, dal 1885 fu prevosto della parrocchia di Sant'Agata a Como, cui tuttora appartiene la Casa Divina Provvidenza: accolse perciò Luigi Guanella quando nel 1886 portò la sua opera nel capoluogo lariano e collaborò alle sue attività sino alla morte, nel 1904.

[18] **la legge ... beni delle fabbricerie** - Promulgata il 15 agosto 1867, fu una delle cosiddette «leggi eversive» che imponevano la soppressione di numerosi enti ecclesiastici con liquidazione o incameramento delle rispettive proprietà. Il provvedimento non avrebbe dovuto toccare le fabbricerie,

commissioni di laici locali che provvedevano alla manutenzione degli edifici di culto e al decoro delle funzioni religiose mediante l'amministrazione di beni comuni, tra i quali terreni affittati a canoni contenuti; evidentemente nell'applicazione non mancarono equivoci e abusi.

(IX, *pag. 60*)

[19] **la restituzione dei beni venduti** - Luigi Guanella ottenne che i fondi illegittimamente espropriati alla fabbriceria di Savogno tornassero in uso e affitto alle numerose famiglie che da quegli appezzamenti traevano da generazioni le loro quasi uniche risorse.

[20] **alla parrocchia di Caspano ... parrocchia di Torre** - Nell'aprile 1870 Luigi Guanella chiese ai superiori ecclesiastici di essere trasferito da Savogno, sia per desiderio di un campo più vasto di azione, sia per le forti e ripetute tonsilliti cui andava soggetto. Nel mese successivo fu perciò ammesso al concorso per l'assegnazione di alcuni benefici vacanti, tra cui le parrocchie di Caspano in Valtellina, nei pressi di Roncaglia, dove all'epoca si trovava il fratello don Lorenzo, e di Torre Santa Maria in Valmalenco. Pur munito delle necessarie credenziali, vide sfumare entrambe le nomine: Caspano per attriti di giurisdizione e divergenze procedurali tra prefetto di Sondrio e curia di Como, Torre per incomprensioni e ritardi nei rapporti con i capifamiglia che dovevano ratificarne la nomina.

[21] **certo sacerdote Sala** - Michele Sala, sacerdote della diocesi di Torino, nato nel 1833; mantenne la cura d'anime a Savogno fino al 1885, poi raggiunse Luigi Guanella a Pianello Lario, dove fu causa di non poche tensioni. Verso il 1894 rientrò a Racconigi, suo paese natale, dove morì nel 1895.

(IX, *pag. 61*)

[22] ***crotti*** - Anfratti naturali a temperatura costante ideale per la conservazione di vino e cibi, che tuttora ospitano al loro interno le tipiche osterie chiavennasche.

ARTICOLO X (*pag. 62*)

[1] **Una sera del gennaio 1875** - Venerdì 29 gennaio, festa di san Francesco di Sales. È la sera in cui don Giovanni Bosco annuncia la prima spedizione missionaria salesiana, alla presenza di tutti i direttori delle Case e del console argentino Giovanni Battista Gazzolo.

[2] **Collegio di San Nicolás de los Arroyos** - Prima sede dei Salesiani in Argentina, che vi giunsero il 21 dicembre 1875.

[3] **Oratorio di San Francesco di Sales** - Casa madre delle opere salesiane, iniziata da don Giovanni Bosco nella zona di Valdocco a Torino nel 1846.

[4] **Oratorio festivo di San Luigi** - Aperto da don Giovanni Bosco nel di-

cembre 1847 nei pressi di Borgo San Salvario, vicino alla stazione ferroviaria. Destinato al servizio di un'altra zona della città, alleggerì l'eccessiva concentrazione di giovani che si riversavano a Valdocco. Luigi Guanella ne fu direttore dall'autunno 1875 a quello del 1876.

(X, *pag. 63*)

[5] **conte Viancini ... fratelli Balbo** - Francesco Viancino di Viancino (1821-1904), dottore in legge, studioso di medicina e gentiluomo di corte, fu tra i primi membri della Conferenza di San Vincenzo de' Paoli fondata a Torino e si impegnò nella promozione dell'Opera dei Congressi, di cui fu presidente in Piemonte dal 1880 alla morte. Ludovico Galeazzo Scarampi di Pruney, morto nel 1888, referendario del Consiglio di Stato e decurione della città, promosse numerose opere nell'ambito della beneficenza torinese collaborando anche con san Leonardo Murialdo, fondatore dei Giuseppini. Cesare Balbo di Vinadio (1850-1913) e il fratello minore Enrico erano nipoti di Cesare Balbo (1789-1853), storico e politico sabaudo autore de *Le speranze d'Italia*; furono attivi nella Conferenza di San Vincenzo de' Paoli e in numerose altre istituzioni cattoliche torinesi.

[6] **la chiesa ... san Giovanni evangelista** - È la seconda chiesa costruita da don Giovanni Bosco a Torino, dopo Santa Maria Ausiliatrice; posta nelle adiacenze del Tempio valdese aperto nel 1853, fu iniziata nel 1878 e consacrata nel 1882.

[7] **del celebre Nasi ... San Filippo** - I canonici Luigi Nasi (1821-1896), ordinato nel 1844, e Prospero Wenck (1847-1926), ordinato nel 1870, furono tra i predicatori più apprezzati a Torino e nella diocesi. Jacopo (1834-1909), Andrea (1838-1915) e Gottardo Scotton (1845-1916), nati a Bassano del Grappa, si impegnarono nella predicazione prima del 1890, quando passarono al giornalismo e alla polemica antimodernista con la fondazione del settimanale *La Riscossa per la Chiesa e per la Patria*, pubblicato dalla loro residenza di Breganze (Vicenza). La chiesa di San Filippo, la più grande di Torino, è tenuta dalla Congregazione dell'Oratorio e si trova nei pressi di Palazzo Carignano.

[8] **parrocchia di Alassio ... prevosto Della Valle** - Nel maggio 1875 Luigi Guanella predicò nella parrocchia di Sant'Ambrogio ad Alassio, dove era prevosto don Francesco Della Valle (1830-1898), che sin dal 1858 era in contatto con don Giovanni Bosco per sollecitare l'apertura di una scuola-collegio. L'opera salesiana ad Alassio fu inaugurata il 20 settembre 1870.

[9] **Nel novembre seguente ... direttore il Guanella** - Nel manoscritto: «Nell'ottobre». Il 19 novembre 1876 fu inaugurata un'opera salesiana a Trinità, in provincia di Cuneo e diocesi di Mondovì. Si trattava di una scuola popolare con oratorio festivo che i coniugi Giovanni Battista Dupraz (1813-1880) e Angela Giusiana (morta nel 1890) avevano offerto a don Giovanni Bosco. Arrivato a Trinità il 10 novembre, Luigi Guanella ne fu direttore fino al settembre 1878, quando rientrò in diocesi di Como. Dopo un avvio promettente, dall'anno scolastico 1878-1879 l'istituto conobbe crescenti difficoltà e fu chiuso nel 1881.

[10] **Paola Gambara di Bene Vagienna** - Originaria del Bresciano, nacque da nobile famiglia nel 1463. Giovanissima fu data in sposa a Ludovico Costa conte di Bene Vagienna, uomo dissoluto che ella sopportò con esemplare fedeltà e cristiana pazienza fino a ottenerne il ravvedimento. Fu terziaria francescana ed ebbe come guida spirituale il beato Angelo da Chivasso. Rimasta vedova, spese gli ultimi anni in opere di carità verso i poveri. Morì nel 1515 e fu sepolta nel monastero francescano di Bene Vagienna; il suo culto fu confermato nel 1845.

(X, *pag. 64*)

[11] **cardinale Oreglia di Santo Stefano ... nel decorso anno** - Luigi Oreglia di Santo Stefano (1828-1913) fu creato cardinale il 22 dicembre 1873. Il «decorso» va perciò considerato, sebbene imprecisamente, a partire dall'epoca cui si riferiscono i fatti raccontati.

[12] **signor arciprete ... generale Marro** - Arcipreti di Trinità durante la presenza di Luigi Guanella furono Baldassarre Tarevelli (1822-1877) dal 1869 alla morte, 20 maggio 1877, e Giuseppe Cuniberti (1844-1913), nominato nel 1878. Cesare Braida (1832-1898), possidente e industriale serico, fu sindaco di Trinità dal 1874 al 1884; favorì l'istruzione popolare e fece erigere un nuovo asilo d'infanzia. Carlo Marro (1824-1899), luogotenente di artiglieria fin dal 1847, partecipò alle campagne militari del Risorgimento e quindi fu sindaco di Trinità dal 1884 al 1891, nonché presidente del locale Ospedale per tredici anni.

[13] **Giovanni Cagliero ... Santo Domingo** - Giovanni Cagliero (1838-1926) fu tra i primi quattro che nel 1854 aderirono all'idea di don Bosco di formare la Società Salesiana. Ordinato nel 1862, fu valente musicista e dottore in teologia. Alla fine del 1875 guidò la prima missione salesiana, in Argentina. Nel 1877 rientrò a Torino con l'incarico di direttore spirituale della congregazione che mantenne fino al 1884, quando fu consacrato vescovo e inviato nel vicariato apostolico della Patagonia; nel 1915 fu creato cardinale. La richiesta per Santo Domingo arrivò ai Salesiani nell'estate 1878 e Giovanni Bosco in una lettera del 15 luglio invitava Luigi Guanella a parteciparvi; la spedizione non fu poi realizzata per mancanza di personale. L'accenno a Cagliero è perciò da riferirsi ai preparativi per la spedizione del 1875, che evidentemente viene qui confusa con quella poi non realizzata a Santo Domingo.

[14] ***ciabotto*** - Dal provenzale *chabot*, tugurio, casupola.

[15] **Cooperatori salesiani ... *Bollettino Salesiano*** - In effetti nell'agosto 1877 *Il Bibliofilo Cattolico*, iniziato nel settembre 1876 come mensile di propaganda dell'editoria salesiana, aggiunse alla testata la dicitura: *Bollettino Salesiano mensuale* (da gennaio 1878 divenne solo *Bollettino Salesiano*) e si configurò come organo di informazione per «coloro che desiderano occuparsi di opere caritatevoli non in generale ma in ispecie d'accordo e secondo lo spirito della Congregazione di S. Francesco di Sales» (agosto 1878, pp. 1-2). Perciò l'apporto di Luigi Guanella alla costituzione dei Cooperatori sale-

siani, cui anch'egli fu ascritto, potrebbe essere specificamente riferito alla definizione di un apposito mezzo di comunicazione loro destinato.

[16] **Opera di Maria Ausiliatrice ... stato ecclesiastico** - Anche questa iniziativa si colloca nel periodo salesiano di Luigi Guanella, poiché nell'agosto 1875 don Giovanni Bosco presentò il programma e il regolamento dell'opera in un breve opuscolo destinato a farla conoscere e sostenere.

[17] **Guanella primo direttore** - L'incarico fu presumibilmente svolto nel primo e ancora informale anno di esistenza dell'opera, iniziata nel 1875 nella Casa madre di Valdocco e trasferita nell'istituto di Genova - Sampierdarena durante il 1876, quando Luigi Guanella lasciò Torino per Trinità.

[18] ***Infirma mundi elegit Deus*** - Quello che per il mondo è debole, Dio l'ha scelto (1Cor 1,27).

(X, *pag. 65*)

[19] **Domenico Montebugnoli ... Fratta Polesine** - Nacque nel 1843 a Castel San Pietro (Bologna), dove per qualche tempo fu insegnante di lingue. Luigi Guanella, scrivendo l'11 aprile 1891 al salesiano Giovanni Battista Lemoyne lo definiva «un matto virtuoso che per otto anni fu con don Guanella, gli fu da don Bosco affidato a Trinità reduce dai certosini di Grenoble, dicendogli al Guanella: Perché Domenico viva e non muoia e lasci vivere anche gli altri, lo affido a don Guanella»; dal seguito della lettera risulta che all'epoca si trovava «a Sidney (Australia) nel convento di San Vincenzo». Nel 1911, in un'altra testimonianza, ricorda che «se lo tenne fedelmente, anche a Pianello; pagava due lire di pensione e faceva di tutto: teatro, pregare, leggere, dormire, eccetera: uomo di fuoco ma di grande fede e virtù». Fu valido assistente di Luigi Guanella ma per il suo carattere impetuoso gli procurò anche qualche difficoltà. Morì nel 1910.

(X, *pag. 66*)

[20] **prevosto di San Donnino** - Presumibilmente si tratta di don Pietro Catelli (1856-1934); ordinato nel 1878, fu presente nella parrocchia cittadina di San Donnino dal 1889, prima come vicario quindi come prevosto.

[21] **arciprete plebano Bellieni** - Giuseppe Bellieni (1808-1898), già frate minore osservante, fu direttore spirituale del Seminario maggiore di Como, prima di essere eletto nel 1864 arciprete di Traona, dove restò fino al 1880. Passò quindi a Mello finché per l'età avanzata si ritirò a Zelbio, suo paese natale dove era stato parroco dal 1850 al 1859.

[22] **l'antico convento ... religiosi Passionisti** - Si tratta dell'edificio che nel XVI secolo aveva ospitato una comunità di monaci Eremitani di Sant'Agostino, a lato dell'antica chiesa di Santa Maria del Sasso; i Passionisti ne entrarono in possesso nel 1904 facendone una Casa per esercizi spirituali frequentata anche da Luigi Guanella.

ARTICOLO XI (*pag. 67)*

[1] **Carlo Cima ... Giovanni Battista Ferrua** - Carlo Cima (1833-1882) nel 1876 si trovava nella Casa salesiana di Valdocco, a Torino, tra i Figli di Maria Ausiliatrice, l'opera delle vocazioni adulte allora diretta da Luigi Guanella; lo seguì poi a Trinità e dal 1878 a Traona. Era stato ordinato nel 1879 per la diocesi di Cremona e in seguito fu per un breve periodo coadiutore a Breda Cisoni. Giovanni Battista Ferrua (1859-1917) entrò nei Gesuiti come fratello coadiutore nel 1884 e professò nel 1895; tra il 1905 e il 1910 Luigi Guanella gli inviava saluti a mezzo del proprio nipote Lorenzo Guanella (1874-1969), anch'egli coadiutore. Ferrua visse nei collegi gesuiti a Monaco-Principato, Chieri, Genova e Torino; dal 1911 alla morte prestò servizio militare.

[2] **Pareva al signor ... funzioni dei morti** - L'episodio accadde nel 1879 e segnò l'inizio delle difficoltà di Luigi Guanella a Traona.

(XI, *pag. 68*)

[3] ***caperlo in sermone*** - Espressione di origina latina (*capere in sermone* o *in sermonem*) che indica l'uso pretestuoso di uno o più brani estrapolati da un discorso altrui per stravolgerne il senso.

[4] **convento di San Francesco** - Si tratta del convento dei frati Minori osservanti annesso ad una chiesa consacrata nel 1738. È un vasto edificio con oltre quaranta celle, progettato come infermeria dell'Ordine e foresteria per i sacerdoti. Situato in contrada Coffedo, è collegato al centro di Traona attraverso la via detta «delle Cappelle» per la presenza di quattordici edicole votive adibite a *Via Crucis*. Dopo averlo inizialmente affittato, Luigi Guanella lo acquistò nel novembre 1879.

(XI, *pag. 69*)

[5] **Nicola Silvestri ... altro compagno di seminario** - Nicola Silvestri (1843-1925), fu ordinato nel 1866 e inviato a Santa Cristina e poi a Baruffini, parrocchie nei pressi di Tirano. Su invito di Luigi Guanella concorse per Traona, dove restò come arciprete dal 1881 al 1886; passò poi a Rovellasca e nel 1898 fu nominato canonico. L'«altro compagno» è Carlo Porlezza, nato nel 1841, ordinato nel 1865 e inviato a Cedrasco e Colico prima di passare a Sacco, frazione di Cosio Valtellino posta ad una decina di chilometri da Traona, dove restò dal 1877 al 1888, quando fu nominato prevosto di Uggiate; qui il 7 ottobre 1911 Luigi Guanella presenziò ai suoi funerali.

[6] **Santa Maria Incoronata a Milano ... Santa Maria alla Fontana** - Non vi è traccia della predicazione di Luigi Guanella in Santa Maria Incoronata, mentre è certa la sua permanenza nella parrocchia milanese di Santa Maria alla Fontana poiché in una lettera del 1° luglio 1881 al vescovo di Como il prevosto Ambrogio Ravasi ne loda l'attività appena svolta e chiede di poterlo trattenere a tempo indeterminato per «stabilire colla cooperazione di

lui qualche opera di maggior gloria di Dio e di vantaggio prezioso alla Chiesa».

[7] **avvocato Brasca ... Depretis in Roma** - Alessandro Brasca, cugino di Cesare Cantù, fu tra i fondatori dell'Opera del Contenzioso Cattolico Italiano, presentata a Pio IX il 29 maggio 1877. Prefetto di Sondrio dal 10 marzo 1878 era Luigi Breganze (1831-1898), che dal dicembre 1879 al 1882 fu a Roma come direttore dell'Ufficio di Gabinetto del Ministero degli Interni retto da Agostino Depretis.

[8] **agosto** - Nel manoscritto: «luglio». È il 4 settembre 1881 quando, poco dopo l'arrivo, Luigi Guanella si rivolge al suo vescovo: «Le scrivo da Olmo dove sono venuto non senza qualche ripugnanza».

[9] **Costante Tabacchi ... chiesa parrocchiale** - Costante Tabacchi nacque nel 1845, fu ordinato nel 1871 e inviato a Samolaco; nel 1877 passò a San Giacomo Filippo dove rimase fino alla morte, nel 1913. La strada per la frazione di Olmo (1056 m) parte proprio da San Giacomo Filippo (522 m), dove Luigi Guanella passò all'aperto la notte estiva prima di raggiungere la sua destinazione.

(XI, *pag. 70*)

[10] **don *padrino*** - Lorenzo Buzzetti era stato padrino della prima Messa di Luigi Guanella.

[11] **dieci anni prima, nel 1872** - L'indicazione temporale non è precisa, poiché passò meno di un decennio tra l'inizio dell'orfanotrofio, 5 giugno 1873, e la morte di Carlo Coppini, 1° luglio 1881.

[12] **Servo della Carità ... volumetto illustrato** - Si tratta de *Il parroco Don Carlo Coppini (1827-1881)* uscito a Como nel 1911. Leonardo Mazzucchi nacque a Pianello del Lario nel 1883 e fu battezzato da Luigi Guanella, che nel 1893 fu anche suo padrino di Cresima. Nel 1906, un anno dopo l'ordinazione, fu accolto nella Casa Divina Provvidenza e ben presto gli furono affidati incarichi rilevanti nella nascente congregazione dei Servi della Carità, a cominciare dalla cura del settore formativo e dalla gestione della segreteria generale. Figlio spirituale e collaboratore prediletto di Luigi Guanella, nel 1910 fu nominato Consigliere generale dell'Istituto e il Capitolo del 1924 lo elesse Superiore generale, carica che conservò fino al 1946. Il suo lungo e illuminato governo fu fondamentale: consolidò la congregazione, sostenne l'espansione in America Latina e nel 1935 conseguì l'approvazione pontificia; curò inoltre la conoscenza della vita e delle opere di Luigi Guanella, diffuse il suo spirito e promosse l'apertura dei processi canonici. Morì il 28 marzo 1964, pochi mesi prima che «il dolce Padre» fosse beatificato.

(XI, *pag. 71*)

[13] ***«Tota nocte laborantes nihil cepimus»*** - Pur faticando tutta la notte, non abbiamo preso nulla (Lc 5,5). La citazione in latino è anche nella lettera che Luigi Guanella scrive a Giovanni Bosco da Olmo il 5 settembre 1881,

nella quale espone la sua condotta, le iniziative tentate e le difficoltà incontrate dopo il rientro in diocesi avvenuto tre anni prima, dichiarandosi disposto a tornare tra i Salesiani e chiedendo consiglio per il futuro.

[14] **Capitolo generale ... essere perseverante** - La questione era stata discussa in una delle sessioni consiliari dei superiori maggiori, che all'epoca venivano chiamate Capitoli generali. La risposta giunse con una lettera di Giovanni Cagliero da Alassio in data 25 settembre 1881: volentieri si acconsentiva al ritorno di Luigi Guanella a condizione che lasciasse ogni interesse nella sua diocesi con un distacco definitivo.

ARTICOLO XII (*pag. 72*)

[1] **prevosto Valenti** - Ciriaco Valenti (1845-1915), ordinato nel 1868, fu a Buglio e Sacco prima di giungere a Domaso, dove restò dal 1876 al 1893; passò a Bregnano e dal 1904 fu prevosto della parrocchia cittadina di Sant'Agata. Morì nel 1915.

[2] **domestica Martina** - Martina Galperti, di Pianello Lario, il 27 ottobre 1872 professò nella locale Pia Unione delle Figlie di Maria Immacolata; fino alla morte, 2 marzo 1886, fu domestica anche di Luigi Guanella, che le dedicò *Pensieri intorno all'Anno santo 1886*, pubblicato nel vol. III delle *Opere edite e inedite di Luigi Guanella, Scritti morali e catechistici* (1999).

(XII, *pag. 73*)

[3] **in novembre** - Nel manoscritto: «ottobre». In realtà Luigi Guanella giunse a Pianello Lario nel novembre 1881, come indica una sua lettera inviata da Olmo al vescovo di Como Pietro Carsana: «[...] se Ella vuole che io vada a Pianello, io il farò o dopo i Santi o come Le aggrada dopo S. Martino». San Martino di Tours, che si festeggia l'11 novembre, è il patrono di Pianello Lario.

[4] **Mario Bosatta ... ottuagenario** - Nel manoscritto: «settuagenario». All'arrivo di Luigi Guanella, il frate minore conventuale Mario Bosatta aveva passato gli ottant'anni, poiché era nato a Pianello Lario il 15 agosto 1801. Missionario a Costantinopoli e in Germania, ottenne di ritirarsi nel paese natale dopo la soppressione del suo Ordine in Italia, nel 1866. Morì il 1° agosto 1887 per una bufera che si scatenò sul lago mentre lo attraversava verso Olgiasca, sulla sponda opposta, dove regolarmente si recava a celebrare.

[5] **prevosto viciniore di Musso** - Giovanni Battista Rizzola (1833-1890), ordinato nel 1857, fu parroco di Musso dal 1881 alla morte, ma già dal 1887 una grave malattia gli impedì di esercitare regolarmente il ministero.

[6] **una quarantina ... storici filosofici** - Tra il 1881 e il 1889, periodo della permanenza a Pianello Lario, Luigi Guanella pubblicò trentanove opuscoli, compresi nei voll. I-III delle *Opere edite e inedite di Luigi Guanella*. Qui fa specifico riferimento ai tre volumi *Da Adamo a Pio IX. Quadro delle lotte e dei trionfi della Chiesa universale distribuito in cento conferenze e dedicato al clero e al popolo*, 1885-1887 (pubblicati nel vol. II/1), un'ampia rassegna

storiografica che in oltre mille pagine sintetizza la monumentale *Histoire universelle de l'Èglise catholique depuis le commencement du monde jusq-à nos jours* dell'abate René-François Rohrbacher (1789-1856), uscita a Parigi dal 1849 al 1853, di cui Luigi Guanella utilizzò la terza edizione italiana in dodici volumi (Torino 1859-1862).

(XII, *pag. 74*)

[7] **Marcellina Bosatta** - Nata a Pianello Lario il 21 marzo 1847, fu la prima superiora delle Figlie di Maria istituite dal parroco Carlo Coppini nel 1871 e quindi dell'Ospizio iniziato nel 1873. Di carattere volitivo e prudente, seppe affiancare con discrezione ed efficacia Luigi Guanella dal suo arrivo nel 1881 fino al 1915, riconoscendo in lui la guida profetizzata da don Coppini. Collaboratrice fedele e instancabile, operò con Luigi Guanella in perfetta intesa nella direzione ed espansione dei Servi della Carità e delle Figlie di Santa Maria della Provvidenza, delle quali viene considerata cofondatrice; fu la loro prima Superiora generale, dall'approvazione pontificia del 1908 fino al 1925. La sua testimonianza fu tra le più importanti ai processi di beatificazione di Luigi Guanella. Morì a Como il 4 febbraio 1934.

(XII, *pag. 75*)

[8] **serata di settembre … libretto *Il montanaro*** - Nel manoscritto: «ottobre». Fu tra il 27 e il 28 settembre 1885 che forti piogge provocarono frane e inondazioni con morti e distruzioni nei villaggi posti ad oltre 1000 metri nella Val Tartano, laterale della Valtellina nei pressi di Talamona. Luigi Guanella restò particolarmente colpito dalla calamità, tanto che partecipò ai funerali delle cinque vittime il successivo giorno 30 e preparò *Il montanaro. Strenna valtellinese nell'anno 1886*, pubblicato nel vol. III delle *Opere edite e inedite di Luigi Guanella*, *Scritti morali e catechistici* (1999). L'autore dedica l'opuscolo a memoria e conforto della catastrofe, segno di reale condivisione dei disagi e delle precarietà in cui vivevano le popolazioni di montagna, ma esprime anche il vivo sentimento di appartenenza a questa gente, di cui esalta i solidi e tradizionali valori umani e religiosi.

(XII, *pag. 77*)

[9] **arcipreti di Dongo e di Gravedona** - Don Carlo Dell'Oro (1830-1894) e Lorenzo Buzzetti. Al primo Luigi Guanella dedicò poi un opuscolo uscito nel 1882, *Un angelo salvatore. San Gottardo vescovo.* Infatti nei pressi di Dongo si trova un piccolo santuario dedicato a questo vescovo tedesco del X secolo e l'arciprete aveva avuto il «felice pensiero … di accrescere in cuore ai fedeli della sua giurisdizione gli affetti di venerazione al taumaturgo». Nella breve opera le vicende del santo danno occasione a considerazioni di carat-

tere ascetico, non senza qualche parallelo tra la vita di Gottardo e l'attualità; è pubblicato nel vol. II/1 delle *Opere edite e inedite di Luigi Guanella, Scritti agiografici* (1997).

[10] **certo Torazza ... da venire** - Matteo Torazza, nato a Poirino (Torino) nel 1853, fu accolto da Giovanni Bosco a Valdocco nel 1869 ed avviato alla vocazione salesiana; professò nel 1879 e fu ordinato nel 1880 a Savona. Già nel gennaio 1887 si trova con Luigi Guanella tra Pianello Lario e Musso; nel giugno successivo è pronto per recarsi a Como nella Casa Divina Provvidenza come cappellano del reparto dei sacerdoti anziani. La vicenda della promessa non mantenuta è riportata testualmente da L. Mazzucchi, *La vita, lo spirito e le opere di Don Luigi Guanella*, Como 1920, p. 72, dove fu letta dallo stesso don Torazza che il 30 ottobre 1929 da Borgomanero chiedeva a don Mazzucchi una rettifica: «Il Salesiano D. Matteo Torazza [...] aveva promesso solo condizionatamente L. 300 (trecento) a D. Guanella, a patto però che i suoi Superiori di Torino gli avessero permesso di trasferirsi con lui, da Pianello a Como per continuare a godere colà della ospitalità sua, sempre però in via provvisoria. Ma i suoi Superiori non glielo permisero, adducendo specialmente il motivo che la Casa di Como era destinata allora per sole persone d'altro sesso. Regalò tuttavia a D. Guanella L. 50 (cinquanta) prima di licenziarsi da lui. Esprime poi verso il medesimo i più vivi sentimenti di ammirazione e di riconoscenza». Morì nel collegio salesiano di Borgomanero nel 1939.

[11] **a Camlago ... frazione di Calozzo** - La prima sede dell'Ospizio del Sacro Cuore fu nel locale di un parente di Marcellina Bosatta, preso in affitto nel 1872 da don Carlo Coppini ed in seguito acquistato. Dimostrandosi in seguito tale sede insufficiente e rivelandosi inopportuna l'ipotesi di trasferimento nel terreno che Luigi Guanella aveva acquistato da Cesare Perpenti, nell'autunno del 1887 l'ospizio fu collocato provvisoriamente nella casa coadiutorale. Solo qualche anno dopo ebbe sede più ampia e definitiva a Calozzo, poco distante dal centro di Pianello Lario.

(XII, *pag. 78*)

[12] **Dina Bosatta e Maddalena Minatta** - Dina Bosatta, in religione suor Chiara, sorella minore di Marcellina, nacque a Pianello Lario il 27 maggio 1858. Dopo un periodo tra le Canossiane di Gravedona, nel 1878 fu accolta nell'Ospizio fondato da don Carlo Coppini, dove subito diede prova di singolari virtù. Luigi Guanella non tardò a riconoscere la forte tempra spirituale della giovane e dal 1882 divenne suo confessore e guida spirituale. Suor Chiara fu protagonista delle vicende difficili e contrastate che segnarono i primordi delle opere guanelliane, fino all'apertura della Casa di Como nel 1886, di cui fu prima superiora. Colpita dalla tubercolosi, rientrò a Pianello Lario vivendo gli ultimi mesi di malattia come culmine dell'esperienza mistica che aveva distinto la sua intensa vita spirituale; morì il 20 aprile 1887. Convinto della sua fama di santità, Luigi Guanella attribuì all'intercessione della giovane religiosa l'espansione delle sue opere, ne fece scrivere biogra-

fie e promosse l'apertura dei processi di beatificazione iniziati a Como nel 1912, di cui egli fu testimone determinante. Suor Chiara Bosatta è stata beatificata il 21 aprile 1991. Maddalena Minatta, in religione suor Rosa, nacque a Pianello Lario nel 1842. Fu tra le Figlie di Maria radunate da don Carlo Coppini e affiancò suor Marcellina Bosatta agli inizi dell'Ospizio del Sacro Cuore, assistendo dal 1872 le prime orfanelle ospitate. Seguì suor Chiara a Como, dove morì nel 1909.

[13] **giudice di Dongo** - Si tratta del pretore Dario Rimini.

[14] **persona assai spettabile** - Giovanni Battista Rizzola, prevosto di Musso. All'origine dei fatti, che si svolsero nell'autunno 1885, ci fu una predica sulle stimmate di Gesù tenuta da Luigi Guanella all'Ospizio. Alcune ragazze, per malinteso spirito emulativo e quasi per gioco, si provocarono delle piccole bruciature anche sui piedi, in aggiunta alle ustioni che la filatura della seta spesso causava alle mani; qualcuna si fece più male del previsto e fu costretta ad assentarsi dal lavoro. La vicenda fu risaputa e giunse anche a don Rizzola, che per zelo eccessivo sporse denuncia; probabilmente non gli erano neppure estranei alcuni motivi di risentimento contro l'Ospizio e il suo direttore, poiché si riteneva ingiustamente privato della responsabilità che egli esercitò sull'istituto dalla morte del fondatore Carlo Coppini, 1° luglio 1881, fino alla effettiva direzione di Luigi Guanella, nella primavera del 1882.

(XII, *pag. 79*)

[15] **prefetto Guala** - Carlo Guala (1836-1926) di Vercelli, prefetto di Como dal 1884 al 1890, poi Consigliere di Stato e senatore.

[16] **China** - Espressione dell'epoca nella quale la Cina (o China) viene usata come metafora di un ambito dove sia difficile penetrare.

(XII, *pag. 80*)

[17] **davanti a San Rocco in via Milano** - La chiesa di San Rocco era allora compresa nella parrocchia di San Bartolomeo; dal 1921 è parrocchia autonoma.

[18] **Istituto della Sacra Famiglia** - Situato in via Dante Alighieri (all'epoca via Valduce), nei pressi della Casa Divina Provvidenza, dal 1895 è la Casa madre delle Figlie della Presentazione di Maria Santissima al Tempio, congregazione fondata a Como nel 1833 da Francesca Butti (1812-1874) e Maria Rossi (1812-1874).

[19] **signor Biffi ... dopo sei mesi** - I due atti furono stipulati il 29 luglio 1886 e il 25 gennaio 1887 con Antonio Biffi, che Luigi Guanella, alla morte nel 1893, definirà «buon cooperatore».

[20] **Bernardo e Sofia Calvi** - Il mercante Bernardo Calvi (1825-1890) e la moglie Sofia Mancini (1822-1901), di Dongo, furono i primi grandi benefattori di Luigi Guanella, che vollero anche come compagno nel loro pellegrinaggio a Roma dell'aprile 1890. Rimasta vedova e senza figli, Sofia continuò

il proprio sostegno alle opere guanelliane, istituì un asilo a Dongo e divenne priora della Confraternita parrocchiale. Fu assistita dalle Figlie di Santa Maria della Provvidenza durante la lunga malattia che la condusse a morte.

[21] **suor Chiara Bosatta ... tre orfanelle** - Sono qui unificate in un solo evento le prime due spedizioni di suore da Pianello Lario a Como, avvenute il 5 aprile e il 12 o 13 maggio 1886: suor Martina Silvetti e le «orfanelle» facevano parte della prima, suor Chiara Bosatta della seconda. Martina Silvetti, nata nel 1863, fu tra le prime orfane accolte da don Carlo Coppini nell'Ospizio di Pianello Lario, dove crebbe accanto a suor Chiara. Tra il 1885 e il 1886 fu ad Ardenno con suor Marcellina e professò nel 1887 prendendo il nome di Chiara, in memoria della consorella da poco defunta; fu tra le religiose che nel 1900 aprirono la Casa di Fratta Polesine, dove morì nel 1901.

[22] **alla *Vita* di suor Chiara Bosatta** – M. Albini Crosta, *Fiore di cielo. Cenni biografici di Suor Chiara Bosatta al secolo Dina*, Como 1910.

[23] **aprile del seguente anno** - Suor Chiara Bosatta morì il 20 aprile 1887.

(XII, *pag. 81*)

[24] **privilegio pontificio ... Santissimo Sacramento** - Luigi Guanella iniziò a chiedere il privilegio nel 1884, ancora per l'Ospizio di Pianello, e riuscì ad ottenerlo dopo cinque anni solo per la Casa Divina Provvidenza di Como, da sabato 2 febbraio 1889. Il giorno successivo iniziò qui la pratica dell'adorazione perpetua.

[25] **Ghezzoni** - Antonio Ghezzoni, del clero ambrosiano, nato nel 1847, fu ordinato nel 1880 e mandato coadiutore a Nava fino al 1883; nel 1887 è nominato parroco di Figliaro, di cui fu anche benefattore poiché nel 1898 vi iniziò la costruzione della nuova chiesa, su disegno dell'ingegnere Virginio Valli di Como, impegnando tutto il proprio patrimonio. Morì nel 1909.

[26] **Silvio Vannoni e Giuseppe Roncoroni** - Entrarono nella Casa Divina Provvidenza a Como il 17 dicembre 1889 a costituire il primo germe dei Servi della Carità; furono ordinati nel 1896. Silvio Vannoni (1870-1928) professò a Milano il 28 marzo 1908. Discepolo attento e fedele di Luigi Guanella, fra coloro che meglio ne acquisirono lo spirito, dal 1898 andò a Milano, dove nel 1903 inaugurò l'Istituto San Gaetano, che diresse per molti anni; fu più volte Consigliere generale. Giuseppe Roncoroni (1871-1902) dopo l'ordinazione ebbe incarichi di direzione e amministrazione nella Casa Divina Provvidenza. Fu presto colpito dalla tubercolosi, che lo martoriò per diversi anni.

[27] **Istituto San Gaetano** - Si tratta dell'istituto maschile sorto a Milano che aveva iniziato l'attività il 9 agosto 1902 con un piccolo gruppo di ragazzi delle scuole elementari.

[28] **Qualche anno di poi ... finché io dica»** - Luigi Guanella voleva realizzare una più ampia cappella interna per ricoverati e personale della Casa Divina Provvidenza, ma il vescovo Ferrari lo invitò a costruire un grande oratorio pubblico su via Tomaso Grossi, anche per celebrare il giubileo episcopale di Leone XIII. La chiesa fu dedicata al Sacro Cuore e inaugurata il 6 aprile 1893.

(XII, *pag. 82*)

[29] **Giacinto Valli ... ditta Regazzoni** - L'architetto Giacinto Valli eseguì gratuitamente il progetto realizzato dalla ditta comasca di Giuseppe Regazzoni che intervenne a più riprese nei successivi lavori di ampliamento della Casa Divina Provvidenza, dimostrandosi sempre amichevolmente disponibile nell'attendere i pagamenti.

[30] **Ilda e Rachele Grassi** - Erano due orfanelle che nel 1886 furono colpite da pertosse e affezioni connesse, con grave pericolo di vita. Suor Chiara Bosatta fece loro ingerire due nastrini di carta velina con la giaculatoria: «Immacolata di Lourdes, guariteci». La maggiore, Ilda, divenne suora guanelliana; morì nel 1959.

ARTICOLO XIII (*pag. 83*)

[1] **un numero prezioso ... della Provvidenza** - Prima di Luigi Guanella morirono tredici suoi discepoli. Con l'esclusione di Alessandrino Mazzucchi, aspirante morto a 12 anni per incidente nel 1890, don Marcello Magoni (1843-1914) e Giovanni Battista Baroni (1823-1906), gli altri furono stroncati giovani da malattie, con un'età media di ventisette anni. Per quel che riguarda le suore, in appendice alla biografia di suor Chiara Bosatta del 1910 fu pubblicato un elenco di una settantina di nomi; a queste se ne devono aggiungere altre quarantaquattro fino alla morte di don Luigi Guanella.

[2] **terminato il processo diocesano** - Effettivamente il 23 dicembre 1913 il postulatore don Leonardo Mazzucchi produsse al tribunale diocesano di Como delle relazioni su grazie attribuite a suor Chiara. Per tutto il 1914 e parte del 1915 la causa subì ritardi procedurali che differirono l'apertura dei processi apostolici a Roma.

(XIII, *pag. 85*)

[3] **Nella *Storia ... La Divina Provvidenza*** - Martino Cugnasca (1877-1953), entrato a Milano nel 1902, fu ordinato nel 1904 e professò il 28 marzo 1908. Dopo un periodo come insegnante nell'Istituto San Gaetano, nel 1909 passò nella Casa di Gatteo, dove rimase come direttore fino al 1921; tornò ancora a Milano e poi a Como come direttore della Casa Divina Provvidenza dal 1928 al 1940. Primo Segretario generale dei Servi della Carità, dal 1908 al 1912, fu anche maestro degli studi e fece parte del Consiglio superiore dell'Istituto, poi rieletto per più mandati. Luigi Guanella ne apprezzò ben presto la spiccata intelligenza e la solidità degli interessi culturali, specialmente nel diritto canonico e in campo liturgico. Non era ancora sacerdote quando lo invitò a compilare la storia dell'istituzione, che uscì in tre distinte pubblicazioni: un opuscolo del 1903 non più reperibile, un'ampia panoramica che costituisce il numero speciale gennaio-febbraio 1904 de *La Divina Provvidenza* (anche con il contributo di Maddalena Albini Crosta) e i *Brevi cenni sulle opere della Divina Provvidenza fondate da Don Luigi Guanella*, stam-

pati a Milano nel 1906. La sua ampia e dettagliata testimonianza ai processi di beatificazione del fondatore è una vera e propria biografia precisa e documentata, un fondamentale contributo storiografico che nel 1989 è stato pubblicato riprendendo nel titolo *Don Guanella «uomo straordinario nelle opere e nelle virtù»* la definizione sintetica ed efficace che Martino Cugnasca dà del suo padre spirituale.

[4] **stesa di terreno ... via Tomaso Grossi** - Si tratta della proprietà Carughi, acquistata nel 1898. Via Tomaso Grossi inizia da via Dante Alighieri e sale fino alla via per Brunate; vi si trovano gli ingressi della Casa Divina Provvidenza e del Santuario del Sacro Cuore.

[5] **da un fianco ... alla medesima via** - Secondo questa ipotesi, un tratto di via Tomaso Grossi sarebbe divenuto strada interna alle opere guanelliane.

(XIII, *pag. 86*)

[6] **venne in acquisto** - Concordato il prezzo sin dal maggio 1897, l'acquisto fu perfezionato il successivo 28 ottobre.

[7] **Paolo Zerboni ... banchiere Minoletti** - Il primo fu notaio di fiducia di Luigi Guanella; l'altro era un funzionario della Cassa di Risparmio di Milano.

[8] **signor Baserga venditore** - I venditori furono i fratelli Antonio e Vincenzo Baserga.

(XIII, *pag. 88*)

[9] **i sordomuti ... nostro Casanova** - Il 4 marzo 1894, alla presenza del vescovo Andrea Ferrari, fu inaugurata nella Casa Divina Provvidenza una sezione per l'accoglienza e l'educazione dei sordomuti, che ospitava una decina di giovani e restò attiva fino al giugno 1895. L'iniziativa era stata concordata con Luigi Casanova (1859-1911), sacerdote ambrosiano ordinato nel 1881. Era ancora diacono quando don Giulio Tarra, fondatore del Pio Istituto Sordomuti Poveri di Campagna, lo volle in aiuto nella sua opera di carità, di cui divenne rettore nel 1889, alla morte del fondatore. Nel 1894 fondò a Milano il Comitato Nazionale per diffondere l'Educazione dei Sordomuti in Italia, per opera del quale sorse poi l'Istituto Sordomuti di Como nella zona Borgo Vico, dove furono in seguito trasferiti i giovani accolti da Luigi Guanella.

[10] **Giorgio Steinhauser** - Nato nel 1824 a Sagogn, nel Canton Grigioni, fu affidato allo zio parroco in Valmalenco, che lo avviò alla vocazione. Accolto nei seminari di Como e ordinato nel 1849, tornò come coadiutore presso il congiunto, poi passò in Valchiavenna e rientrò in Svizzera, nei Cantoni Grigioni e Ticino, allora soggetti al vescovo di Como. Dotato di una forte vocazione missionaria, nel 1854 si recò negli Stati Uniti, dove svolse un'intensa attività di evangelizzazione sopratutto nel Michigan, nella zona dei Grandi Laghi, tra gli indigeni americani in condizioni climatiche spesso estreme. Provato nel fisico, rientrò nel 1866 e continuò il ministero in Svizzera e a Villa di Chia-

venna. Tornò una seconda volta negli Stati Uniti ma allo stremo delle forze rientrò in Italia e fu accolto nella Casa Divina Provvidenza nell'Epifania del 1893, primo dei sacerdoti anziani ospitati. Morì il 12 luglio 1897.

[11] **nostre fondazioni ivi** - Sin dal 1911 era giunta a Luigi Guanella la richiesta di una decina di suore da parte di Edward Quigley, arcivescovo di Chicago, appoggiata poi anche da Pio X. Aristide Leonori, ingegnere per l'erigenda chiesa di San Giuseppe al Trionfale, in un viaggio in America nel 1911 avrebbe aperto la strada alle opere guanelliane; di fatto nell'agosto dello stesso anno arrivò a Luigi Guanella la richiesta formale di Quigley. Leonori avrebbe già voluto con sé in quel viaggio Luigi Guanella che, preso dalle vicende della costruzione della chiesa a Roma, preferì rimandare ad inaugurazione avvenuta. Vi andò infatti dal dicembre 1912 al febbraio 1913, accompagnato dallo scalabriniano Vittorio Gregori. La prima spedizione di suore missionarie, accompagnate dal Leonori, avvenne nel maggio successivo: si stabilirono a Chicago nella parrocchia scalabriniana dell'Addolorata.

[12] **ne scrisse cenni** - Si tratta del discorso *Onoranze funebri a Don Giorgio Steinhauser* tenuto da don Callisto Grandi il 14 luglio 1897 e pubblicato ne *La Divina Provvidenza*, luglio 1897, pp. 55-57; agosto 1897, pp. 61-63.

[13] **sacerdote Rossi** - Agostino Rossi nacque nel 1818 e fu ordinato nel 1841 per la diocesi di Como. Dopo alcuni incarichi a Sondrio, Valmalenco e Gera Lario, passò coadiutore a Olgiate Comasco; verso la fine del 1894 fu accolto anziano nella Casa Divina Provvidenza e nel marzo 1895 si era già trasferito con don Giorgio Steinhauser a Milano nella nuova Casa di Sant'Ambrogio ad Nemus, dove morì il 4 gennaio 1898.

[14] **Gianera** - Giovanni Battista Gianera nacque a Madesimo nel 1850 e fu ordinato nel 1873. Dopo i primi quattro anni come coadiutore nella parrocchia cittadina di Sant'Agata, lavorò al servizio della curia vescovile in vari uffici. Il 5 maggio 1922 fu nominato Cameriere segreto soprannumerario di Sua Santità; morì nel 1933.

(XIII, *pag. 89*)

[15] **Alessandrino Mazzucchi** - L. Sterlocchi, *Vita di Alessandrino Mazzucchi*, Gatteo 1910.

(XIII, *pag. 90*)

[16] **un giorno l'augusto pontefice** - L'udienza avvenne il 29 gennaio 1910. Dal 22 ottobre 1903 ai primi di luglio 1914 Luigi Guanella incontrò Pio X in oltre quaranta occasioni, tra udienze pubbliche e più spesso private.

[17] **Faustina e Liberata** - Sorelle del VI secolo che il *Martirologio Romano* celebra il 19 gennaio. Nate nei pressi di Piacenza da nobile famiglia e attratte dall'ideale ascetico, lasciarono tutto per ritirarsi in un romitorio presso Como dove poi fondarono un monastero in onore di santa Margherita. Vissero umili e dedite alla preghiera fino alla morte avvenuta in fama di san-

tità nel 580. Evidentemente Luigi Guanella le indica alle sue suore come modello di vita religiosa.

(XIII, *pag. 91*)

[18] **gli elettricisti ... furono rallegrati** - In occasione delle celebrazioni per il centenario dell'invenzione della pila elettrica, si tenne a Como il congresso mondiale dei telegrafisti (qui «elettricisti»), che Luigi Guanella ospitò nella Casa di Santa Maria di Lora il 2 giugno 1899.

[19] ***Pro Faro*** - Nell'ambito delle celebrazioni voltiane, Luigi Guanella propose di onorare in Alessandro Volta l'uomo di fede non meno dello scienziato. A tale scopo intendeva costruire un grande faro elettrico per illuminare la tomba di Volta nel cimitero di Camnago e la statua del Sacro Cuore collocata alla sommità del suo istituto di Lora, che dominava la città, perciò si fece promotore di un comitato che diffuse materiale di propaganda e pubblicò il bollettino *Pro Faro*, uscito dal 1899 a luglio 1900.

[20] ***Scienza e fede*** - C. Grandi, *La vita di Alessandro Volta narrata al popolo*, Milano 1899; il sottotitolo *Scienza e fede* è riportato solo sulla copertina.

[21] **Edison** - Thomas Alva Edison (1847-1931), il grande inventore e imprenditore statunitense.

[22] **chi vuole conoscere** - Nel manoscritto: «chi conosce».

ARTICOLO XIV (*pag. 92*)

[1] **colera a Napoli** - L'epidemia si manifestò con diversi casi in tutta Italia nell'estate 1884 e infierì particolarmente su Napoli, dove tra città e provincia si ebbero circa ottomila morti. Leone XIII intervenne più volte in favore delle popolazioni colpite, sia sollecitando l'aiuto dei cattolici italiani sia con propri atti di concreta solidarietà.

[2] **Sanfelice** - Guglielmo Sanfelice d'Aquavella (1834-1897), arcivescovo di Napoli dal 1878, creato cardinale il 24 marzo 1884; la sua memoria è legata soprattutto ai soccorsi che la Chiesa partenopea prestò in occasione del terremoto di Ischia del 1883 e dell'epidemia del 1884.

(XIV, *pag. 93*)

[3] **del dì ...** - L'indicazione manca nel manoscritto. Dai riferimenti delle lettere di Luigi Guanella risulta che comincia a scrivere più frequentemente da Como a partire dal giugno 1888 e vi si stabilisce entro l'anno.

[4] **Giacomo Merizzi** - Nato nel 1834, fu ordinato nel 1857. Già vicario generale a Como del vescovo Carsana, alla morte di questi nel 1887, fu nominato vicario capitolare e guidò di fatto la diocesi per quattro anni poiché il nuovo vescovo Luigi Nicora non poté mai occupare la sua sede per la mancata concessione del riconoscimento civile. Nel 1891 Merizzi fu eletto ve-

scovo di Vigevano; nel 1898 si ritirò malato a Tirano, paese natale, dove morì nel 1916.

[5] **Domenica Mazzucchi** - Nata nel 1853, conobbe Luigi Guanella a Pianello Lario, suo paese natale. Era già vedova di Natale Mazzucchi, dal quale aveva avuto Alessandra (morta infante nel 1880) e tre maschi: Alessandro (1878-1891), Salvatore, che farà il notaio, e Leonardo, secondo successore di Luigi Guanella. Tutti furono educati nella Casa Divina Provvidenza, dove Alessandro morì tragicamente per un incidente a seguito di un malore. Domenica Mazzucchi si spense nel 1927, ospite della Casa Divina Provvidenza.

(XIV, *pag. 94*)

[6] ***Acqua Rossa*** - Sin dal 1899 Luigi Guanella fece appurare le proprietà medico-curative di questa sorgente, adatta a curare l'anemia. Si propose di sfruttarla e a tale scopo costituì una società; pensava anche di aprire nella Casa di Pianello Lario una sezione di soggiorno climatico per ragazze cittadine, ma riuscì solo a costruire una conduttura per portare l'acqua al centro del paese. Il 1° luglio 1906 giunse un apposito battello da Como e si tenne una festa inaugurale

[7] **monsignor Barge ... Luigi Zerbo** - Gian Luigi Barge (1856-1931), ordinato nel 1878, dal 1896 al 1905 fu segretario del vescovo di Como Teodoro Valfrè, nel 1898 fu nominato canonico; amico e benefattore di Luigi Guanella, arrivò persino a fargli ingenti prestiti di denaro. Il comasco Rodolfo Ferrari fu il principale azionista della società per le acque di Pianello Lario. Luigi Zerbo era ufficiale dell'Esercito.

[8] **coniugi Carolina Annoni ... Genico di Musso** - Carolina, figlia di Antonio, morì il 6 marzo 1914 a Milano dopo lunga malattia. Nel gennaio 1914 Luigi Guanella ottenne da Pio X il privilegio di celebrare nella sua casa, quindi per un mese e mezzo si fermò a Milano, per assisterla moribonda e accompagnarla nel transito. Questa prolungata permanenza è un caso unico nella sua vita, a testimonianza di un rapporto privilegiato con la famiglia Annoni. Non pochi indizi suggeriscono che la stesura della presente autobiografia sia avvenuta proprio durante tale periodo. Luciano Bosisio (1852-1938) era un imprenditore edile; nel 1915 decise di onorare la memoria della figlia Annetta, morta nel 1897, e della moglie finanziando l'edificazione di un nuovo padiglione nell'Ospedale Maggiore di Milano, che morendo nominò erede universale. La villa di Genico era stata promessa dagli eredi Annoni a Luigi Guanella fin dal 1907 e si aggiunse alle altre opere ivi presenti: un asilo infantile dove dal 1903 si recavano le suore da Pianello Lario, scuole professionali e oratorio festivo femminile dal 1905. La villa fu poi adibita ad orfanotrofio femminile e ricovero per anziane, sotto la protezione di sant'Antonio di Padova in memoria del defunto capofamiglia. Verso la fine della vita Luigi Guanella aveva pensato di ricoverarvi le sue suore ormai inabili al lavoro per formare una comunità di vita contemplativa.

[9] **Antonio Annoni** - Capomastro di fiducia di Luigi Guanella, ma soprattutto suo generoso benefattore e intimo amico. Lavorò per le opere guanel-

liane non solo a Milano, dove abitava, ma anche nelle altre Case lombarde, in Veneto e in Svizzera. Morì improvvisamente il 12 dicembre 1905; nelle ultime settimane di vita fu colpito da una doppia sciagura, poiché la moglie Amalia morì il 28 ottobre e il figlio Dante pochi giorni dopo.

(XIV, *pag. 95*)

[10] **Giovanni Manzi** - Nobile benefattore di Dongo, morto a circa sessantotto anni il 26 agosto 1883. Conobbe don Luigi Guanella mentre stava terminando la realizzazione del Giardino del Merlo nella sua villa al Sasso di Musso, proprio sullo sperone roccioso dove giacevano le rovine del castello del condottiero Gian Giacomo Medici (1498-1555), detto «il Medeghino», fratello del papa Pio IV, che aveva eretto la fortificazione come base delle sue imprese in tutto il territorio. Nel giugno 1882 Luigi Guanella riferiva a Giovanni Manzi che aveva terminato la prima stesura delle *Memorie passate e presenti intorno alla rocca di Musso. Impressioni del visitatore*, in seguito uscite a puntate su *L'Ordine* tra ottobre e dicembre 1884, quindi in volume nel 1913; sono pubblicate nel vol. III delle *Opere edite e inedite di Luigi Guanella, Scritti morali e catechistici* (1999). L'opuscolo descrive le specie botaniche e presenta considerazioni di carattere religioso e morale con l'ausilio di alcune allegorie.

(XIV, *pag. 96*)

[11] **Giuseppina Manzi** - Nata nel 1859, nipote ed erede del nobile Giovanni. Poiché la proprietà Manzi era confinante con la Casa Sant'Antonio, Luigi Guanella le chiese l'accesso al Giardino del Merlo per sue ricoverate. Morì nel 1945.

[12] **Pietro Buzzetti** - Nacque nel 1862, terzo figlio delle seconde nozze di Pietro Antonio ed Elisabetta Guanella, sorella di Luigi. Grazie allo zio riuscì a compiere gli studi ginnasiali a Torino nel Collegio Don Bosco e manifestò sin dai giovani anni una predisposizione per gli studi e le pubblicazioni di carattere storico e artistico. Ordinato nel 1886, andò cappellano a Campodolcino e poi dal 1889 reggente delle parrocchie di Montemezzo e Bugiallo; nel 1892 fu nominato parroco di Cavallasca e nel 1901 fu trasferito a Carate Lario. Il rapporto con lo zio Luigi non fu sempre sereno: alcune incomprensioni portarono il Buzzetti a un atteggiamento ostile verso tutta l'Opera Don Guanella, soprattutto dopo la morte del fondatore. Si dimostrerà non poco perplesso al processo di beatificazione di Caterina Guanella e manovrerà perfino contro la fama di santità dello zio, anche se le sue accuse risulteranno inattendibili ed infondate. Morì nel 1928.

[13] **san Fedele martire ... lago di Mezzola** - Fedele era un valoroso soldato cristiano al seguito di Massimiano; fu catturato e decapitato lungo le sponde del Lario nel 286. Subito fu costruito un sacello a custodia dei resti, in seguito sostituito dall'attuale oratorio detto «San Fedelino», purissimo esem-

pio di romanico lombardo posto sull'ultimo lembo costiero settentrionale del comune di Sorico, dove il Mera si immette nel lago di Mezzola. Le reliquie di san Fedele furono in seguito custodite nella chiesa di Sant'Eufemia; nel 1572 però l'arcivescovo Carlo Borromeo pretese e ottenne un'ulteriore traslazione nella nuova chiesa di San Fedele a Milano.

(XIV, *pag. 97*)

[14] **conte signor Cavagna** - Antonio Cavagna Sangiuliani nacque ad Alessandria nel 1843; studioso e bibliofilo appassionato, rivestì numerose e prestigiose cariche pubbliche. A Carate Lario possedeva beni di famiglia. Morì a Milano nel 1913.

[15] **Ai primi d'anno 1880 ... domestica Martina** - L'indicazione cronologica è imprecisa, poiché l'episodio deve essere collocato dopo l'arrivo di Luigi Guanella a Pianello Lario nel novembre 1881, probabilmente nel 1882 e comunque non oltre la morte di Martina Galperti, 2 marzo 1886.

(XIV, *pag. 98*)

[16] **commendator Desideri** - Cesare Desideri era un funzionario del ministero dell'Agricoltura che con il professor Cesare Forti, della Cattedra ambulante di Agricoltura di Como, nel 1902 e 1904 aveva compiuto ispezioni governative alla colonia di Olonio.

[17] **Giussani nella sua opera storica del Pian di Spagna** – A. Giussani, *Il Forte di Fuentes. Episodi e documenti di una lotta secolare per il dominio della Valtellina*, Como 1905. La fortezza spagnola fu costruita dal conte di Fuentes nel XVII secolo a Colico sul colle di Monteggiolo, in una posizione strategica che domina la congiunzione della Valtellina e della Valchiavenna. La lunga citazione che segue si trova alle pp. 291-294.

(XIV, *pag. 100*)

[18] **prima domenica di maggio ... santa Maria del Lavoro** - La prima festa della Madonna del Lavoro, titolo ripreso dalla devozione francese di *Notre Dame des Ouvriers*, si tenne a Olonio il 5 maggio 1901.

(XIV, *pag. 101*)

[19] **Luigi Bravi** - Nato nel 1878, entrò a Como il 15 aprile 1898; fu ordinato nel 1901 e professò nel 1910. Aveva frequentato la scuola agraria di Giovanni Bonsignori a Remedello Sopra e fu impiegato nella direzione delle diverse colonie agricole: dal 1903 a Nuova Olonio, quindi a Trenno, poi ad Albizzate e infine a Vellai. Qui nel 1921 un forte dissidio con le Figlie di Santa Maria della Provvidenza costrinse il vescovo di Belluno a chiedere che fos-

se allontanato insieme al confratello Filippo Bonacina. Il Bravi quindi ricevette una serie di destinazioni che accettò a malincuore, finché nel 1924 decise di lasciare i Servi della Carità. Luigi Guanella aveva colto nel segno quando scrivendo nel 1907 al rettore del Seminario di Rovigo lo descrive come soggetto inadatto alle «regole strette di una istituzione religiosa: vuole campo largo e aperto e per un poco indipendente». Solo nel 1931 fu incardinato nella diocesi di Como; morì nel 1937.

[20] **pertiche locali** - Secondo la valutazione della pertica in Valtellina, l'estensione corrisponde a circa 14 ettari.

[21] **ingegnere Sartirana ... professore Jamucci** - Giovanni Sartirana, nativo di Dervio (defunto nel settembre 1912) e Cesare Jamucci, pittore e scultore dell'Accademia di Brera, collaborarono in diverse occasioni con Luigi Guanella preparando progetti e decorazioni per varie Case.

(XIV, *pag. 102*)

[22] **otto viventi ... a miglior vita** - In realtà i compagni di studio che presero parte all'inaugurazione il 29 ottobre 1906 furono undici, compreso Luigi Guanella; erano già defunti Pietro Joo, Gaetano Pollini e Giacomo Silvestri.

[23] **Suretta a Montespluga** - Si tratta di un alpeggio alle pendici del Pizzo Suretta (3027 m), detto anche Punta Nera.

[24] **prevosto Lucchinetti** - Primo Lucchinetti nato nel 1864, fu ordinato nel 1887 e inviato a Mese, dove rimase fino alla morte, nel 1935. Qui iniziò a dirigere alcune giovani che alla fine del 1897 si riunirono a vita comune per assistere bambini, infermi e anziani: è il primo nucleo delle Pie Figlie della Sacra Famiglia, che lo riconoscono come proprio fondatore. Nel 1955 l'istituto ottenne l'approvazione pontificia.

[25] **fondamenta della chiesa ... Servi della Carità** - Nell'udienza del 13 gennaio 1908 Pio X diede a Luigi Guanella approvazione ed incoraggiamento per erigere una chiesa nel quartiere di Porta Trionfale, a poca distanza delle mura vaticane, come iniziativa per celebrare il suo doppio giubileo, sacerdotale ed episcopale. Neanche venti giorni dopo, Luigi Guanella acquistava 7400 mq di terreno dove il 6 giugno 1909 poneva la prima pietra della costruzione, su progetto di Aristide Leonori, che stava allora terminando di edificare la chiesa di San Giuseppe al Cairo. La chiesa romana fu inaugurata il 19 marzo 1912 ed eretta in parrocchia il successivo 24 maggio con la costituzione apostolica *Cum incolarum*, che le attribuiva diritti e redditi della soppressa parrocchia di San Marcello al Corso.

ARTICOLO XV (*pag. 104*)

[1] **sorella Margherita** - Margherita Guanella nacque il 23 ottobre 1834 e si dedicò al servizio del fratello Lorenzo sin dalla sua ordinazione sacerdotale, nel 1859, seguendolo nelle varie destinazioni. Morì ad Ardenno il 14 giugno 1899.

[2] **Rosa Colombo** - Nata a Samarate nel 1875, entrò ventenne tra le Figlie di Santa Maria della Provvidenza, dove professò nel 1897. Le furono subito affidati incarichi di responsabilità, fino a diventare la seconda Superiora generale, dopo Marcellina Bosatta. Morì nel 1956.

[3] **Lodovico Vitalini** - Nacque nel 1850, ordinato nel 1874, fu parroco di Biolo fino al 1908 e passò quindi a Cevo; nel 1911 si ritirò quiescente presso la Casa Divina Provvidenza, dove morì nel 1914.

[4] **elogio funebre ... alle stampe** - *Elogio funebre del M. R. Sac. Lorenzo Guanella prevosto v. f. di Ardenno recitato dal Can. On. Tomaso Trussoni nei funerali celebrati il 27 luglio 1906 nella Chiesa del S. Cuore di Gesù in Como*, Como 1906.

(XV, *pag. 105*)

[5] **monsignor Valfrè** - Teodoro Valfrè di Bonzo, nato nel 1853, fu vescovo di Como dal 1895 al 1905; creato cardinale il 15 dicembre 1919, l'anno seguente fu nominato Prefetto della Congregazione dei Religiosi e protettore delle due congregazioni guanelliane. Morì nel 1922.

[6] **prevosto Acquistapace** - Giovanni Battista Acquistapace, ordinato nel 1839, fu parroco a Dazio dal 1850 alla morte, nel 1885.

[7] **ridotta** - Nel significato di: trasformata, adattata.

[8] **signor Visconti** - Cesare Visconti Venosta, ingegnere, appartenente al ramo valtellinese della nota ed estesa casata nobiliare.

(XV, *pag. 106*)

[9] **La Faverio** - Luigia e Pietro Faverio persero un figlio infante e furono generosi benefattori degli orfani ospitati nella Casa Divina Provvidenza.

[10] **con autografo** - Datato 2 dicembre 1912, fu pubblicato in riproduzione fotografica e tradotto ne *La Divina Provvidenza*, dicembre 1912, pp. 190-191, con il titolo *Un consolantissimo autografo pontificio*.

[11] **Carlo Nocella** - Nato a Roma nel 1826, restò al servizio della Curia Romana fin dall'ordinazione, nel 1849; fu creato cardinale il 22 giugno 1903. Luigi Guanella lo visitò più volte dalla fine del 1906 e nel febbraio 1907 ne accolse la sorella nella Casa femminile di San Pancrazio a Roma. Morì il 22 luglio 1908. Le parole a lui attribuite sono riprese da Sal 21,7.

(XV, *pag. 107*)

[12] **periodico mensile ... sua esistenza** - In realtà il primo numero del periodico uscì a Como nel dicembre 1892 con testata *La Providenza* fino ad ottobre 1895, *La Divina Providenza* fino a maggio 1899; da febbraio 1901 a dicembre 1911 fu pubblicato a Milano. Perciò all'inizio del 1914 il periodico usciva già da ventidue anni.

(XV, *pag. 109*)

[13] **libretto a stampa *svegliarino* ... opportuni ammonimenti** - Si tratta rispettivamente di *Alle Figlie di Santa Maria della Provvidenza nell'opera degli asili* e di *Vieni meco per le suore missionarie americane in uso nella congregazione delle Figlie di Santa Maria della Provvidenza in Como*, due brevi opuscoli con indicazioni pedagogiche e spirituali; uscirono entrambi nel 1913 e sono pubblicati nel vol. IV delle *Opere edite e inedite di Luigi Guanella, Scritti per le congregazioni* (1989).

ARTICOLO XVI (*pag. 111*)

[1] **l'attuale parroco di Carate Lario** - Si tratta di don Pietro Buzzetti, nipote di Luigi Guanella.

(XVI, *pag. 112*)

[2] **professori Zaccaria Pozzoni ... vecchio Guadagni** - Zaccaria Pozzoni, esperto di geografia e scienze sociali, nel 1899-1900 pubblicava ancora guide di Brunate e del Lago di Como; Biagio Guadagni, già insegnante e direttore nelle scuole pubbliche di Como, fu traduttore, poeta e fine latinista. Entrambi furono collaboratori de *La Divina Provvidenza*.

[3] **Giovanni Giovannini ... Lucca** - Giovanni Giovannini (1872-1949), dottore in teologia, fu ordinato nel 1897 e restò nella parrocchia cittadina di Sant'Agostino fino al 1919, quando fu nominato canonico. Antonio Carizzoni (1830-1903), ordinato nel 1853 ed inviato coadiutore a Gravedona, dal 1875 insegnò nel Collegio Gallio e nel 1880 fu nominato canonico. Alessandro Valli (1869-1939) fu ordinato nel 1894 e fino al 1902 restò nella parrocchia cittadina di Sant'Orsola; passò poi a Teglio e nel 1924 fu nominato canonico. Alcide Valli (1876-1956) fu ordinato nel 1899 e fino al 1902 restò come vicario nella parrocchia di Camerlata, frazione di Como, passò poi a Pellio Superiore fino al 1907, quando rientrò in città per dirigere fino al 1922 l'Istituto dei Sordomuti a Borgo Vico; in seguito fu a San Fermo della Battaglia, Breccia e Cavallasca. Luigi Ramiro Lucca (1882-1960), ordinato nel 1905, era stato compagno di seminario di Leonardo Mazzucchi; addetto agli uffici di curia, ebbe incarichi di ministero a Como, nell'Istituto della Presentazione e nell'Oratorio di San Filippo; nel 1919 professò tra i Servi della Carità, dove per lunghi anni si impegnò con paternità e autorevolezza nella formazione e nella direzione spirituale; nel 1946 fu eletto Consigliere generale.

(XVI, *pag. 113*)

[4] **Giovanni Colombi** - Nato nel 1872, entrò a Como nel 1899, fu ordinato nel 1902 e professò nel 1908. Svolse i primi anni di ministero nell'Istituto San

Gaetano a Milano e passò quindi nelle Stazioni cattoliche di Vicosoprano e Promontogno nella Val Bregaglia. Nell'agosto 1913 partì per Chicago con il secondo drappello di missionarie guanelliane in aiuto alle parrocchie scalabriniane ed alle suore, preparando il terreno per le future fondazioni. A motivo del suo carattere spesso brusco, entrò in attrito con il delegato apostolico Giovanni Bonzano, per cui fu richiamato in Italia nel 1920 e gli vennero affidati uffici di cappellania presso le Figlie di Santa Maria della Provvidenza. Nel 1932 decide di uscire dalla congregazione chiedendo l'incardinazione nella diocesi di Chieti, ottenuta nel 1934, per passare poi a quella di Tortona, dove morì nel 1940.

[5] **Pio X ... che di scienza»** - L'espressione si trova riportata in più fonti: nel *Regolamento dei Servi della Carità* del 1910, in un contesto chiaramente allusivo a Pio X; in *Vieni meco...* del 1913, esplicitamente attribuita allo stesso papa; infine attribuita al cardinale Filippo Giustini in visita alle Case di Roma nel gennaio 1915.

(XVI, *pag. 115*)

[6] **benedizioni di papa Leone XIII** - Il 1° e 16 novembre 1893 Luigi Guanella scrisse a Leone XIII impetrando benedizioni per le sue opere. Il successivo giorno 24 ottenne risposta dal Segretario di Stato cardinale Mariano Rampolla del Tindaro, nella quale veniva comunicata la benevola accoglienza del Santo Padre. Il brano centrale di questa lettera fu riportato nella testata de *La Provvidenza* da dicembre 1893 a gennaio 1895.

(XVI, *pag. 116*)

[7] **Il cardinale Svampa ... *ubi vult spirat*»** - In realtà la considerazione fu espressa da Davide Riccardi, arcivescovo di Torino, come già appare da una correzione presente nel manoscritto. Il primo Congresso internazionale dei Cooperatori salesiani si tenne a Bologna nell'aprile 1895 sotto la presidenza dell'arcivescovo Domenico Svampa.

ARTICOLO XVII (*pag. 118*)

[1] **Cresta** - A 1959 m nella Valle di Avers, Canton Grigioni.

(XVII, *pag. 119*)

[2] **Luigi Fezzi** - Conobbe Luigi Guanella a Milano dopo il 1895 e divenne il suo medico di fiducia. Accompagnò lo sviluppo delle opere guanelliane e gli furono affidati i casi che più stavano a cuore a Luigi Guanella: vide morire fra le sue braccia don Angelo Arrigoni nel 1901 e suor Giuseppina Fusi nel 1909; nel 1906 trattò la delicata questione del presunto delirio mentale

di don Giovanni Formentelli. Il 26 giugno 1906 fu tra i benefattori più insigni che accompagnarono la regina Margherita in visita alla Casa di Sant'Ambrogio ad Nemus.

[3] **discese e conchiuse ... albergo *Bodenhaus*** - L'accordo fu preso il 19 luglio 1897, festa di san Vincenzo de' Paoli, su impulso del conte Pallavicini Resta, laico vincenziano, e con le garanzie di Costante Giuriani e Giacomo Tognoni, che erano di Montespluga. Il *Bodenhaus*, tuttora attivo, è uno degli alberghi storici del Canton Grigioni.

[4] **vescovo di Monaco ... generale di Besançon** - Si tratta di Charles-Bonaventure-François Theuret, primo vescovo della diocesi di Monaco-Principato, eretta nel 1887; all'epoca la diocesi di Besançon aveva tre vicari generali: François Virgile Dubillard, Paul-Félix Beauséjour e François Labeuche, ma finora non è stato possibile individuare chi di loro fosse di passaggio a Splügen nel settembre 1898.

(XVII, *pag. 120*)

[5] **stazione del Rodolfo ... monte Spluga** - Lungo il percorso che sale al passo vi erano tre case cantoniere, dove vivevano gli addetti alla manutenzione della strada con le proprie famiglie. La prima era in località Teggiate, 1650 m, dove Maria Guanella vedova Gianera, nipote di Luigi Guanella, nel 1912 fece edificare una piccola chiesa, dedicata alla Madonna del Carmelo, su un terreno di proprietà dell'Alpe Teggiate; la seconda in località Stuetta, 1900 m, dopo la quale si apre un largo pianoro dove sorge l'antico *Albergo Italia*, con la chiesa di San Giuseppe e la casa del cappellano; la terza si trova subito dopo il valico, a 2117 m, nel piazzale dove è segnato il confine tra Italia e Svizzera. Luigi Guanella identifica come «stazione del Rodolfo» l'ultima di queste cantoniere, dove risiedeva Felice Anzi.

[6] **La moglie ... osteria a Splügendorf** - In realtà la «piccola osteria» era proprietà delle tre sorelle Reiner, di Splügendorf. Una di loro, Carolina, sofferente di malattie fisiche e mentali, si trovava presso la famiglia di Felice Anzi e fu accolta nella Casa Divina Provvidenza verso la fine del 1895, condotta da Giacomo Tognoni.

(XVII, *pag. 121*)

[7] **L'Istituto Grimm ... *Villa Lodovica*** - L'Istituto Grimm fu aperto nel 1896 in via Conservatorio a Milano dalle suore Figlie del Cuore di Maria, che per combattere l'influenza delle idee massoniche avevano presentato all'arcivescovo Andrea Carlo Ferrari il progetto di una scuola cattolica esteriormente priva di connotazione confessionale. La scuola fu denominata Istituto Grimm dal cognome della prima direttrice Angela Grimm, in conformità ad un uso milanese. In collaborazione con le Figlie del Cuore di Maria, Luigi Guanella fece edificare *Villa Pia* e *Villa Lodovica* nei pressi della Stazione cattolica di Promontogno, inaugurate nel 1911. È interessante notare che i progetti furo-

no eseguiti dall'architetto Spirito Maria Chiappetta (1868-1948), lo stesso che aveva presieduto ad una ristrutturazione dell'edificio milanese di via Conservatorio. Il Chiappetta, divenuto sacerdote ambrosiano nel 1924, si era legato con solida amicizia a Luigi Guanella e testimoniò ai processi di beatificazione.

[8] **abbadia di San Gaudenzio** - A Vicosoprano, nella frazione Casaccia, esisteva l'antica badia di San Gaudenzio, uno degli ultimi esempi di tardo gotico grigionese, unico in Val Bregaglia. Alla vigilia dell'Ascensione 1551, quando il vescovo protestante Pietro Paolo Vergerio predicò a Casaccia, fu scatenato un tumulto che distrusse le immagini sacre, sottrasse il tesoro, sfregiò i dipinti murali, profanò l'urna con le ossa di san Gaudenzio. La chiesa passò alla comunità riformata e in seguito venne lentamente lasciata in stato di abbandono. Luigi Guanella, per provvedere al bene spirituale di Vicosoprano, eresse una prima chiesa in legno, benedetta nel 1901, capace di trecento persone; nel 1908 iniziò la costruzione di una chiesa in muratura dedicata a san Gaudenzio, che su progetto dell'ingegnere Antonio Giussani riprendeva lo stile della distrutta badia: fu inaugurata il 31 agosto 1909 nell'ambito delle celebrazioni per il giubileo sacerdotale ed episcopale di Pio X.

[9] **Schmid von Grünek** - Giorgio Schmid von Grünek, nato nel 1851, fu vescovo di Coira dal 1908 alla morte, nel 1932.

(XVII, *pag. 122*)

[10] **Samuele Curti** - Nato nel 1871, entrò a Como il 4 gennaio 1898, fu ordinato nel 1900 e professò nel 1908. Ancora chierico, nel 1899 fu tra i primi inviati nel Collegio Sant'Anna di Roveredo, di cui fu rettore dal 1901 al 1904. Destinato all'Istituto San Gaetano di Milano per otto anni, nel 1912 sostituì Aurelio Bacciarini come vicerettore della Casa Divina Provvidenza e maestro dei novizi, ma già l'anno successivo fu inviato nella Stazione cattolica di Val Bregaglia. In seguito passò ad Albizzate, Gatteo, Roma, nel Ricovero San Giuseppe, e Menaggio, dove morì nel 1953.

[11] **monsignor Battaglia** - Giovanni Fedele Battaglia, nato nel 1829, fu vescovo di Coira dal 1888 al 1908, quando si ritirò; morì nel 1913.

[12] **parroco ... Schnüriger** - Leonardo Schnüriger (1865-1939) fu ordinato nel 1891 a Milano per la diocesi di Coira. Dal 1892 al 1900 insegnò a Roveredo nel Collegio Sant'Anna, di cui fu rettore dal 1895, quando divenne anche parroco. Nel 1907 passò alla Stazione missionaria di Thalwil e in seguito fu vicario a St. Moritz-Bad.

[13] **signora Scalabrini** - Luigi Guanella iniziò le sue opere a Roveredo nel 1898, dove sorgeva il Collegio Sant'Anna; l'anno seguente fondò il Ricovero dell'Immacolata, destinato a cronici e disabili, sistemandosi inizialmente in una casa offerta da Luisa Scalabrini coniugata De Orchi, sorella del vescovo di Piacenza.

[14] **«Da circa quarant'anni ... per insegnamento** - Si tratta del Collegio Sant'Anna, fondato nel 1855 a Roveredo da monsignor Giuseppe Tini. Luigi Guanella lo rilevò nel 1898 e lo mantenne nonostante pressioni giunte dalla Congregazione dei Vescovi e Regolari e difficoltà di gestione.

(XVII, *pag. 123*)

[15] **ad uso svizzero** - Probabilmente si tratta di locali per l'allevamento uniti di fianco alle abitazioni rustiche, e non separati, come normalmente si vedevano in Valle Spluga.

[16] **vicario Savioni** - Giovanni Savioni (1845-1925) fu ordinato nel 1876 a Milano per la diocesi di Coira. Fino al 1886 fu parroco di Landarenca e in seguito di San Vittore, dove rimase fino alla morte. Nel 1891 era stato nominato canonico della cattedrale.

(XVII, *pag. 124*)

[17] **Francesco Rusca** - Nato nel 1831, dopo aver diretto i lavori di costruzione e ampliamento delle Case di Roveredo, divenne intimo amico di Luigi Guanella, che lo chiamava con l'affettuoso appellativo «papà Rusca» ed intrattenne con lui un ampio carteggio: si conservano una quarantina di lettere indirizzate al Rusca che giungono fino al settembre 1915. Uno degli argomenti più trattati era l'introduzione della causa di beatificazione di Nicolò Rusca, l'arciprete di Sondrio che apparteneva alla sua stessa famiglia. Morì nel 1919.

[18] **Giovanni Calvi** - Nato nel 1865, entrò a Como il 7 settembre 1890, fu ordinato nel 1895, secondo sacerdote dei Servi della Carità, e professò nel 1909. Appena sacerdote fu impiegato nella Casa Divina Provvidenza, nel 1901 passò a Roveredo come insegnante nel Collegio Sant'Anna ma l'anno successivo divenne parroco di Lostallo, dove rimase fino al 1914. Rientrò in Italia per insegnare ai chierici di Milano e di Como, finché nel 1916 andò a Roma come superiore della comunità di San Giuseppe al Trionfale; in questo ruolo venne considerato quasi come superiore delle Case di Roma e Lazio. Dal 1917 fu tra i pionieri della nuova grande Casa romana di via Aurelia Antica, dove profuse dodici anni di intensa e feconda attività. Dopo una breve esperienza veneta come direttore a Vellai, nel 1937 rientrò in Lombardia e passò nelle Case di Barza, Lecco e Saronno, per giungere infine a Como, dove morì nel 1943.

(XVII, *pag. 125*)

[19] **Luigi Rossi** - Nato a Castelrotto nel 1864, si formò nel Collegio Rosmini di Domodossola e nel Collegio della Visitazione di Gesù a Monaco-Principato, laureandosi in diritto all'Università di Lovanio nel 1887. Tornato in Svizzera, iniziò la professione e partecipò attivamente alle iniziative dei cattolici ticinesi. Deputato al Gran Consiglio ticinese nel 1889-90 per il partito conservatore, divenne Consigliere di Stato a soli 26 anni con l'incarico del Dipartimento Giustizia e Polizia. Fu assassinato l'11 novembre 1890 dentro il palazzo governativo di Bellinzona durante un'insurrezione radicale.

(XVII, *pag. 126*)

[20] **di cui parla la *Sapienza*** - Probabilmente il riferimento è al testo di Pro 31,10-31.

[21] **al primo apparire ... *omnia in Christo*** - Il motto di Pio X ripreso da Ef 1,10 si trova nell'enciclica programmatica del pontificato *E supremi*, 4 ottobre 1903.

ARTICOLO XVIII (*pag. 127*)

[1] **tempio monumentale del *Corpus Domini*** - Posto nella zona di Porta Sempione, fu edificato dal carmelitano Gerardo Beccaro per tenere fede alla promessa fatta durante il Congresso eucaristico di Torino del 1895.

[2] **dozzina d'anni ... di Milano** - In realtà tra l'apertura dell'asilo in via Saronno nel giugno 1890 e la presenza di Luigi Guanella a Milano nella primavera 1881, ricordata all'inizio dell'Articolo, passarono solo nove anni.

(XVIII, *pag. 128*)

[3] **suora Fusi** - Giuseppina Fusi (1865-1909), dimessa dalle Orsoline di San Carlo per motivi di salute, entrò tra le Figlie di Santa Maria della Provvidenza nel 1889 e professò nel 1890. Fu protagonista della fondazione di Milano, di cui restò superiora fino alla morte. Negli ultimi giorni di malattia Luigi Guanella lasciò tutti i suoi impegni per assisterla al momento del transito, quindi ne celebrò le esequie e benedisse la sua tomba nel cimitero milanese di Musocco.

[4] **monsignor Comi** - Gerolamo Comi (1831-1909), ordinato nel 1854, si specializzò in diritto canonico e lo insegnò nei seminari ambrosiani. Nel 1890 fu nominato parroco e abate mitrato di Sant'Ambrogio; fu anche giudice del Tribunale ecclesiastico, prelato domestico di Sua Santità e canonico onorario del Duomo. Lasciò parte dei suoi beni per creare un ospizio destinato ai «vecchi abbandonati» eretto a Luino.

[5] **in via ... Luigia Dell'Acqua** - L'indicazione della via manca nel manoscritto, ma si tratta dello stesso asilo di via Cappuccini, dove suor Luigia Dell'Acqua, nata nel 1866 e professa nel 1892, morì nel 1896.

[6] **padre Beccaro** - Gerardo Beccaro (1846-1912), figura di spicco dei Carmelitani, dopo alcuni anni di missione fu richiamato in Italia per ricostituire l'Ordine colpito dalle soppressioni ed eletto primo superiore della ricostituita Provincia lombarda. Fondò anche la colonia agricola «dei piccoli derelitti» in Cuasso al Monte (Varese). Per suo tramite Maddalena Albini Crosta divenne stretta e fidata collaboratrice di Luigi Guanella. Anch'egli subì ripetute persecuzioni, nelle quali Luigi Guanella gli fu particolarmente vicino, rammaricandosi infine di non poter partecipare alle sue esequie avvenute mentre egli era in viaggio verso gli Stati Uniti.

[7] **Ambrogio Belgeri** - Nato ad Asso (Como) nel 1855, fu ordinato sacer-

dote per la diocesi di Milano nel 1877. Prestò servizio in Curia dal 1886 al 1892, quando fu nominato canonico del Duomo; nel 1894 divenne arcidiacono del Capitolo e nel 1907 fu nominato prelato domestico di Sua Santità. Morì nel 1933. Ne *La Divina Provvidenza*, ottobre 1900, p. 79, l'incontro di Luigi Guanella con un sacerdote ambrosiano, episodio posto come origine della Casa di Milano, è invece riferito a don Paolo Biraghi, citato poco più avanti.

(XVIII, *pag. 129*)

[8] **verso Natale** - Gli eventi ricordati si riferiscono al 1894.

[9] **signora maestra ... colle sorelle** - Maria Tognoni (1862-1917) entrò tra le Figlie di Santa Maria della Provvidenza nel 1892, dopo aver esercitato l'insegnamento elementare per diversi anni. Fu la prima superiora della Pia Casa dei Poveri a Milano, aperta nel 1894.

[10] **don Biraghi** - Paolo Biraghi (1843-1900), ordinato nel 1867, era nipote del beato Luigi Biraghi, fondatore delle Suore di Santa Marcellina. Insegnò nel collegio di Gorla Minore, poi fu direttore spirituale nel Collegio arcivescovile di San Carlo a Milano. Alla morte dello zio Luigi, nel 1879, assunse la direzione delle Marcelline, accettando poi anche la parrocchia di Pioltello dove dal 1880 fu in cura d'anime. Il 23 novembre 1885 prese possesso della neoeretta parrocchia di San Gioacchino a Milano. Amico di don Giulio Tarra, collaborò con lui, e poi con don Luigi Casanova, nell'opera in favore dei sordomuti.

[11] **centenario di sant'Ambrogio il Grande** - Nel 1897 ricorreva il quindicesimo centenario della morte di sant'Ambrogio.

[12] **chiesa da lui fondata** - Tra la via per il Seprio e Milano si trovava una selva. In quella zona detta *ad Nemus* sorse il primo eremo dedicato a sant'Ambrogio, legato alla leggenda secondo cui san Martino di Tours e poi egli stesso si ritirassero a meditare in un bosco. Qui si insediò un ordine di monaci detti di Sant'Ambrogio, che vi abitarono per alcuni secoli, fino a quando il luogo passò ai Francescani riformati che dovettero abbandonarlo all'arrivo delle truppe napoleoniche. Era il 1798 quando fu sconsacrato per essere usato come fabbrica di munizioni, caserma e magazzino militare; le opere d'arte della chiesa e del convento presero sicuramente la via per la Francia. Tra il 1812 e il 1840 divenne l'Ospedale Fatebenesorelle e fu quindi trasformato in lazzaretto per i colerosi. Dal 1852 il convento ospitò il clero anziano e invalido e iniziò il restauro della chiesa, riaperta al culto nel 1857. Dopo che la Casa Ecclesiastica, l'ospizio dei sacerdoti, si trasferì nella sede di via San Celso, lo stabile e l'annessa chiesa divennero proprietà di Luigi Guanella, nel 1894.

(XVIII, *pag. 130*)

[13] **Giacinto Turazza ... di San Gaetano** - Giacinto Turazza (1854-1936), ordinato per la diocesi di Padova nel 1878, non professò mai tra i Servi della

Carità, ma già nel 1911 collaborava con l'Istituto. Appassionato di ricerca storica, scrisse numerosi articoli su *La Divina Provvidenza* e dal 1913 pubblicò una ventina di studi su agiografia locale e tradizioni religiose, tra i quali *Sant'Ambrogio ad Nemus in Milano. Chiesa e Monastero dall'anno 357 al 1895*, Milano 1914.

[14] **Luigi Casati** - Progettò i lavori di ampliamento che da aprile ad agosto 1899 interessarono la Pia Casa dei Poveri a Sant'Ambrogio ad Nemus, in seguito ai quali la capienza fu aumentata fino a duecento ospiti.

(XVIII, *pag. 131*)

[15] **Aste Dorate** - È lo stabilimento della Cooperativa per la produzione di Aste Dorate, che fabbricava cornici per quadri e profilati vari in legno.

(XVIII, *pag. 132*)

[16] **Pio Consorzio** - Fu costituito il 7 dicembre 1896, con statuto approvato dall'arcivescovo Andrea Carlo Ferrari. Il Pio Consorzio di Milano farà da modello a quello che nel 1905 sorgerà in Roma e sarà *in nuce* ciò che nella tradizione delle opere guanelliane verrà definito «Pia Opera»: una rete di benefattori, cooperatori e sostenitori a vario titolo, formata soprattutto da laici.

[17] **Carlo Brera** - Nato a Milano nel 1844 da nobile famiglia, ordinato nel 1867, fu nominato canonico del Duomo nel 1895. Si dedicò all'attività pubblicistica di taglio intransigente su testate come *Il Labaro* e *La Scuola Cattolica*. Amico e benefattore di Luigi Guanella, fu primo presidente del comitato per la Pia Casa dei Poveri. Morì nel 1922.

ARTICOLO XIX (*pag. 134*)

[1] **socialista medico condotto** - Si tratta di Nicola Badaloni, nato a Recanati nel 1854 e laureato a Napoli nel 1877, noto come «il Professore». Nel 1878 è nominato medico condotto di Trecenta (Rovigo). Appena giunto verificò che il 4% degli abitanti di quel paese poverissimo soffriva di pellagra e impegnò la sua vita negli studi per debellare questa malattia. Politicamente assunse l'indirizzo socialista e giunse ad essere eletto deputato nel 1886; nel 1920 fu nominato senatore su proposta di Giovanni Giolitti. Morì nel 1945.

[2] **Tullio Bellini** - Nacque a Montagnana (Padova) nel 1872 e dopo la morte del padre, dal quale ereditò molti possedimenti, restò quasi per tutta la vita a Trecenta allontanandosi solo per brevi periodi. Non solo rimase celibe, ma è tuttora ricordato in paese come esemplare personaggio di carattere riservato e vita ritirata. La sua devozione alla Madonna di Lourdes, cui fece erigere un'artistica chiesetta, trasferendosi ad abitare nei pressi, era legata ad un incidente occorsogli durante una battuta di caccia. Morì nel 1952 lasciando tutti i suoi beni all'Opera Don Guanella, compreso un terreno sul

quale sorgerà la Casa Sant'Antonio delle Figlie di Santa Maria della Providenza.

[3] **Secondo Porta ... una discreta casa** - Secondo di tre fratelli sacerdoti, Secondo Porta nacque nel 1869 e fu ordinato nel 1892. Cappellano a Lusia, Castelmassa e Trecenta, fu nominato arciprete di Villanova del Ghebbo nel 1902 e vi rimase fino al 1919, quando passò a Crespino. Morì nel 1934 a Pesaro, dove si era ritirato presso il fratello maggiore Bonaventura divenuto vescovo. Fu don Secondo, avvalendosi della disponibilità di Tullio Bellini, a invitare le suore guanelliane, che arrivarono a Trecenta nel 1909, offrendo loro uno stabile al centro del paese che aveva ricevuto in eredità da Amalia Maggioni Colognesi.

ARTICOLO XX (*pag. 136*)

[1] **Luigi Pozzobon** - Nato nel 1854 e ordinato nel 1881 per la diocesi di Ceneda (dal 1939 Vittorio Veneto), dal 1898 fu parroco di San Cassiano del Meschio, toponimo religioso di Cordignano (Treviso) ripreso dalla pieve risalente al secolo VIII. Morì nel 1933.

ARTICOLO XXI (*pag. 137*)

[1] **Luigi Ghinelli ... la *Vita*** – L. Mazzucchi, *Don Luigi Ghinelli di Gatteo (1848-1909)*, Gatteo 1912. Ordinato nel 1876 per la diocesi di Cesena, dopo i primi anni di ministero si ritirò nel suo paese natale e nel 1883 aprì l'Istituto Fanciulli Poveri per educare, istruire e avviare al lavoro. Nel 1904 ottenne due suore guanelliane a servizio dell'opera e in seguito invitò Luigi Guanella a rilevarla. Nel 1908 giunse don Filippo Bonacina come coadiutore e poco più tardi giungerà don Martino Cugnasca come primo direttore guanelliano.

[2] **monsignor Bassi ... parroco di Gatteo** - Benedetto Bassi, nato nel 1862, studiò a Roma nel Seminario Pio e fu ordinato nel 1884. A Gatteo fu parroco dal 1890 al 1906, quando divenne prevosto della cattedrale e vicario episcopale. Morì nel 1940.

(XXI, *pag. 138*)

[3] **periodico trimestrale** - È il *Bollettino dell'Istituto Fanciulli Poveri*, che iniziò le pubblicazioni nel 1894.

[4] **Filippo Bonacina** - Nato nel 1877, entrò a Milano il 20 settembre 1901, fu ordinato nel 1907 e professò nel 1908. Conobbe Luigi Guanella nell'autunno del 1894 nel convento francescano di Dongo, dove era novizio, e passò con i guanelliani dopo aver lasciato l'Ordine. Ancora chierico, nel 1903 fu inviato nella colonia agricola di Monte Mario, appena accettata, poi nel 1908 giunse a Gatteo per aiutare don Ghinelli malato e per assisterlo amorevolmente negli ultimi mesi. Durante la guerra prestò servizio presso l'O-

spedale Militare di Milano. Rientrato tra i Servi della Carità, fu inviato ad Albizzate, Vellai, Ferentino, Roma, Milano. Morì a Nuova Olonio nel 1961. Risulterà preziosa la sua testimonianza in un ambito assolutamente nuovo della letteratura guanelliana, quello dell'aneddotica sul fondatore, che permetterà di salvare una preziosa tradizione orale; i suoi ricordi sono stati pubblicati su diversi numeri di *Caritas*, il bollettino ufficiale dei Servi della Carità.

ARTICOLO XXII (*pag. 139*)

[1] **Desiderio del don Guanella ... e tante volte** - Luigi Guanella fu per la prima volta a Roma nell'agosto 1888 con un pellegrinaggio del clero lombardo per il giubileo sacerdotale di Leone XIII. Vi tornò poi privatamente nell'aprile 1890 con i coniugi Calvi e nel novembre 1893, viaggi indicati come «primo» e «secondo» nel seguito dell'articolo.

[2] **Luigi D'Antuono** - Missionario apostolico originario di Angri (Salerno) e fecondo scrittore di agiografia popolare, incontrò Luigi Guanella durante una predicazione a Como e subito si interessò alle sue opere: già nel corso del 1892 pubblicò un opuscolo con storia e descrizione della Casa Divina Provvidenza. Fino alla morte, avvenuta il 5 febbraio 1897 nel suo paese natale, fu assiduo collaboratore de *La Divina Provvidenza*, su cui scrisse editoriali, relazioni di viaggio e ampie cronache. Nel 1892 pubblicò la prima biografia di suor Chiara Bosatta, *Un primo fiore svelto dal giardino della Piccola Casa della Divina Provvidenza della città di Como e trapiantato in cielo*. Durante i frequenti viaggi legati al ministero della predicazione, veniva normalmente ospitato nelle Case guanelliane.

[3] **suora Rossi** - Sorella di Agostino Rossi, apparteneva ad una congregazione «di Carità» che finora non è stato possibile identificare. Per suo tramite Luigi Guanella fu presentato al cardinale vicario Parocchi nel 1893.

[4] **cardinale Parocchi** - Lucido Maria Parocchi (1833-1903) fu creato cardinale il 22 giugno 1877. Dal 1882 alla morte fu vicario di Leone XIII per la città e diocesi di Roma.

ARTICOLO XXIII (*pag. 140*)

[1] **un vescovo dell'America meridionale** - Non è stato possibile identificare tale vescovo, che Luigi Guanella incontrò durante il suo pellegrinaggio in Terra Santa in settembre e ottobre 1902.

[2] **Suore dell'Orto ... vescovo Gianelli** - Si tratta delle Figlie di Maria Santissima dell'Orto, dette Gianelline, fondate nel 1829 dal vescovo di Chiavari Antonio Maria Gianelli (1789-1846). Il titolo «dell'Orto» è legato a un'immagine della Madonna venerata nel principale santuario della città ligure. L'Istituto fu approvato nel 1868; il fondatore è stato canonizzato il 21 ottobre 1951.

ARTICOLO XXIV (*pag. 141*)

[1] **nella *Provvidenza* di esso viaggio** - Un ampio e dettagliato resoconto del viaggio, dal dicembre 1912 al febbraio 1913, redatto da Luigi Guanella fu pubblicato su *La Divina Provvidenza* nei numeri successivi; gli articoli sono rielaborati da Leonardo Mazzucchi a partire da lettere a lui indirizzate. Questo metodo redazionale fu ampiamente utilizzato per pubblicare sul bollettino molti articoli firmati o attribuiti a Luigi Guanella.

ARTICOLO XXV (*pag. 144*)

[1] **Gersone** - Oltre al citato Gersenio e a Tommaso da Kempis, è uno degli autori cui viene attribuito il *De imitatione Christi*, la classica opera di spiritualità; visse nel XIV secolo, fu cancelliere dell'Università di Parigi, teologo e autore di ascetica e mistica.

ARTICOLO XXVI (*pag. 145*)

[1] **suora Delpino ... allo scopo di questua** - Luigia Delpino, nata a Santa Maria della Vittoria (Buenos Aires) nel 1841, entrò tra le suore guanelliane nel 1893 e professò nello stesso anno; morì a Como il 16 agosto 1898. L'episodio che diede origine all'opera di Belgioioso accadde nella primavera 1895; la Casa San Giuseppe fu inaugurata il 18 novembre 1896.

[2] **prevosto Scotti** - Angelo Scotti, nato nel 1848 e ordinato nel 1871, fu parroco di Belgioioso dal 1891 al 1901, quando fu trasferito a Pavia dove morì il 20 agosto 1915.

[3] **pernottato Giuseppe Garibaldi** - Fu ospitato a Belgioioso il 10 aprile 1862 dai fratelli Pietro e Luigi Strambio, ufficiali nella spedizione dei Mille, residenti nella proprietà Melzi d'Eril che divenne poi la Casa San Giuseppe.

[4] **monsignor Riboldi** - Agostino Gaetano Riboldi (1839-1902) fu nominato vescovo di Pavia nel 1877 e promosso alla sede di Ravenna nel 1901; nello stesso anno fu creato cardinale.

[5] **monsignor Maffi** - Pietro Maffi (1858-1931) fu nominato vescovo ausiliare di Ravenna nel 1902, passò a Pisa nel 1903 e nel 1907 fu creato cardinale. Fu cointestato nella Casa di Belgioioso in quanto vicario generale del vescovo Riboldi e membro autorevole del clero pavese.

(XXVI, *pag. 146*)

[6] **Casa di Trenno milanese** - Era una colonia agricola dedicata a San Luigi sorta sui terreni acquistati nel 1906 dai conti Belgioioso per offrire una sede più adeguata all'Istituto San Gaetano. Dal 1910 ospitò anche un numero cospicuo di disabili ed anziani, ma nel 1918 fu venduta per acquistare la Casa di Albizzate.

[7] **Cesare Bazzi** - Benefattore della Casa di Belgioioso, cui sempre prestò gratuitamente la sua opera, morì il 16 aprile 1911 all'età di 82 anni.

ARTICOLO XXVII (*pag. 147*)

[1] **Sante Peviani** - Nacque nel 1848 e fu ordinato nel 1871. Dopo alcuni incarichi alla Maiocca di Codogno, a Cavacurta e a Santo Stefano Lodigiano, nel 1886 giunse come parroco a Livraga, dove restò fino alla morte, nel 1938. Per interessamento di Luigi Guanella, nel 1913 ricevette la nomina a Cameriere segreto di Sua Santità. Dettò gli esercizi spirituali alle suore guanelliane a Lora nel 1901.

[2] **Teresa e Giulio Vanazzi** - Il contratto di comodato con i benefattori Vanazzi fu concluso da Luigi Guanella a Milano il 15 ottobre 1901, festa di santa Teresa d'Avila. Erano presenti anche suor Marcellina Bosatta, tre altre suore e don Sante Peviani. Le Figlie di Santa Maria della Provvidenza arrivarono il successivo 3 novembre ed iniziarono le attività con asilo, scuola privata, oratorio festivo e ricovero. L'opera di Livraga era stata fortemente voluta dal vescovo di Lodi Giovanni Battista Rota.

ARTICOLO XXVIII (*pag. 148*)

[1] **Ferdinando Geremia ... una sera di gennaio** - Nel settembre 1897 era presente al Congresso Cattolico Italiano di Milano, dove il vescovo di Padova Antonio Callegari aveva fatto conoscere le opere guanelliane lodandone l'utilissima e vasta attività di ricovero offerto ai derelitti. Nell'ottobre 1898 accompagnò a Milano il trentacinquenne don Giovanni Boschetti, da sette anni afflitto da paralisi. La positiva risposta che Luigi Guanella diede all'esigenza di ricoverare i sacerdoti inabili segnò l'inizio del proficuo rapporto delle opere guanelliane con la diocesi di Adria-Rovigo.

[2] **Antonio Polin** - Nato nel 1825 e ordinato per la diocesi di Treviso, nel 1874 fu consacrato vescovo e inviato a Padova come ausiliare; nel 1882 fu trasferito alla sede di Adria-Rovigo, dove morì nel 1908. Fu un personaggio fondamentale nella storia delle origini guanelliane, sia per l'ordinazione di molti chierici accolti nel suo seminario, sia per lo sviluppo delle opere femminili nel Veneto.

[3] **Gian Battista Baroni** - Nato nel 1830, fu ordinato nel 1852 per la diocesi di Rovigo e inviato a Villanova al Ghebbo dove rimase fino al 1902. Conobbe Luigi Guanella per mezzo di don Ferdinando Geremia e lo sostenne nell'acquisto della villa Baccanello a Fratta Polesine, che diverrà la Casa Santa Famiglia. Inaugurata nel 1900, ospitò dapprima anziani e malati cronici anche sacerdoti, successivamente i vasti spazi a disposizione permisero di aggiungere reparti per anziane, orfane e disabili psichiche: venne perciò a configurarsi come Casa mista, sebbene a direzione distinta, e tale restò fino al 1921, quando le sezioni maschili furono trasferite. Nel 1902 vi fu accolto il Baroni, che il 25 dicembre 1905 emise la professione religiosa tra i Servi della Carità nelle mani di Luigi Guanella, cui lasciò tutti i suoi beni, poi utilizzati in massima parte per la fondazione di San Giuseppe al Trionfale. Morì il 3 marzo 1906.

INDICE DEI NOMI DI LUOGO

INDICE DEI NOMI DI PERSONA

INDICE

Stampa
Società San Paolo, Alba (Cuneo)